SANTIAGO MUSALLAM

50

"LOS 50 NOMBRES EN ESPAÑOL MÁS POPULARES"

"Los 50 nombres en español más populares"

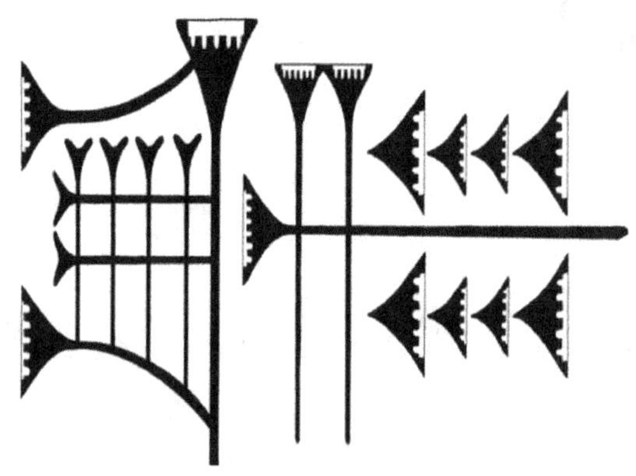

SANTIAGO MUSALLAM

Introducción

¿Qué hay detrás de un nombre? En este fascinante libro, te invitamos a explorar el significado y el trasfondo cultural de una selección de nombres populares en español. Desde clásicos atemporales hasta opciones contemporáneas, cada nombre cuenta una historia única y revela características y cualidades que han trascendido a lo largo de generaciones. Sumérgete en el mundo de los nombres y descubre cómo estas poderosas palabras pueden influir en nuestra identidad y en cómo nos perciben los demás.

En "Los 50 nombres en español más populares", te presentaremos una cuidadosa selección de nombres, desglosando su origen, su significado y las connotaciones asociadas a ellos. A través de un recorrido fascinante, exploraremos el trasfondo cultural y las historias detrás de nombres como Sofía, Mateo, Beatriz, Santiago, Olivia y muchos otros. Además, conoceremos personalidades famosas que han llevado estos nombres, y descubriremos cómo su significado ha influido en la forma en que son percibidos por los demás. Prepárate para adentrarte en un viaje que te permitirá apreciar la riqueza y la profundidad de los nombres, y comprender cómo pueden moldear nuestra identidad y dejar una huella duradera en nuestras vidas.

¡Bienvenido a este fascinante viaje a través de los nombres! Descubre la magia y el significado detrás de cada uno de ellos, y sumérgete en el poder que encierran estas palabras en "Los 50 nombres en español más populares".

Tabla de contenidos

10. Lucas
- Origen y significado del nombre
- Datos interesantes y curiosidades relacionadas

11. Valeria
- Origen y significado del nombre
- Datos interesantes y curiosidades relacionadas

12. Daniel
- Origen y significado del nombre
- Datos interesantes y curiosidades relacionadas

13. Emma
- Origen y significado del nombre
- Datos interesantes y curiosidades relacionadas

14. David
- Origen y significado del nombre
- Datos interesantes y curiosidades relacionadas

15. Victoria
- Origen y significado del nombre
- Datos interesantes y curiosidades relacionadas

16. Adrián
- Origen y significado del nombre
- Datos interesantes y curiosidades relacionadas

17. Carolina
- Origen y significado del nombre
- Datos interesantes y curiosidades relacionadas

18. Miguel
- Origen y significado del nombre
- Datos interesantes y curiosidades relacionadas

19. Andrea
- Origen y significado del nombre
- Datos interesantes y curiosidades relacionadas

20. Manuel
- Origen y significado del nombre
- Datos interesantes y curiosidades relacionadas

21. María
- Origen y significado del nombre
- Datos interesantes y curiosidades relacionadas

22. Juan
- Origen y significado del nombre
- Datos interesantes y curiosidades relacionadas

23. Laura
- Origen y significado del nombre
- Datos interesantes y curiosidades relacionadas

24. Diego
- Origen y significado del nombre
- Datos interesantes y curiosidades relacionadas

25. Carla
- Origen y significado del nombre
- Datos interesantes y curiosidades relacionadas

26. Roberto
- Origen y significado del nombre
- Datos interesantes y curiosidades relacionadas

27. Fernando
- Origen y significado del nombre
- Datos interesantes y curiosidades relacionadas

28. Marta
- Origen y significado del nombre
- Datos interesantes y curiosidades relacionadas

29. Javier
- Origen y significado del nombre
- Datos interesantes y curiosidades relacionadas

30. Rosa
- Origen y significado del nombre
- Datos interesantes y curiosidades relacionadas

31. Carlos
- Origen y significado del nombre
- Datos interesantes y curiosidades relacionadas

32. Beatriz
- Origen y significado del nombre
- Datos interesantes y curiosidades relacionadas

33. Hugo
- Origen y significado del nombre
- Datos interesantes y curiosidades relacionadas

34. Oscar
- Origen y significado del nombre
- Datos interesantes y curiosidades relacionadas

35. Paula
- Origen y significado del nombre
- Datos interesantes y curiosidades relacionadas

36. Ramón
- Origen y significado del nombre
- Datos interesantes y curiosidades relacionadas

37. Diana
- Origen y significado del nombre
- Datos interesantes y curiosidades relacionadas

38. Sergio
- Origen y significado del nombre
- Datos interesantes y curiosidades relacionadas

39. Raquel
- Origen y significado del nombre
- Datos interesantes y curiosidades relacionadas

40. Samuel
- Origen y significado del nombre
- Datos interesantes y curiosidades relacionadas

41. Silvia
- Origen y significado del nombre
- Datos interesantes y curiosidades relacionadas

42. Marina
- Origen y significado del nombre
- Datos interesantes y curiosidades relacionadas

43. Iván
- Origen y significado del nombre
- Datos interesantes y curiosidades relacionadas

44. Patricia
- Origen y significado del nombre
- Datos interesantes y curiosidades relacionadas

45. Nicolás
- Origen y significado del nombre
- Datos interesantes y curiosidades relacionadas

46. Lorena
- Origen y significado del nombre
- Datos interesantes y curiosidades relacionadas

47. Ernesto
- Origen y significado del nombre
- Datos interesantes y curiosidades relacionadas

48. Ana
- Origen y significado del nombre
- Datos interesantes y curiosidades relacionadas

49. Olivia
- Origen y significado del nombre
- Datos interesantes y curiosidades relacionadas

50.	Antonio
*	Origen y significado del nombre
*	Datos interesantes y curiosidades relacionadas

Sofía: Sabiduría.

El nombre "Sofía" es de origen griego y tiene un significado relacionado con la sabiduría. Es un nombre femenino que ha sido popular en diversas culturas a lo largo de la historia. A continuación, te presento una elaboración sobre el nombre "Sofía":

Origen: El nombre "Sofía" proviene del griego antiguo "sophia", que significa "sabiduría". En la mitología griega, Sofía era considerada como una de las divinidades personificadas de la sabiduría.

Significado: El significado principal asociado al nombre "Sofía" es "sabiduría" o "conocimiento profundo". Se le atribuye la cualidad de poseer una mente aguda, ser perspicaz y tener una capacidad innata para comprender y aprender.

Personalidad: Las personas llamadas Sofía suelen ser percibidas como inteligentes, reflexivas y con una mente analítica. Tienden a tener una gran curiosidad intelectual y una sed de conocimiento. Además, se caracterizan por ser comprensivas, amigables y empáticas hacia los demás.

Popularidad: El nombre Sofía ha sido muy popular en diferentes partes del mundo. Ha mantenido una presencia constante en las listas de nombres más utilizados en muchos países, lo que indica su apreciación y aceptación en diversas culturas.

Variantes y diminutivos: Algunas variantes y diminutivos comunes del nombre Sofía incluyen Sofi, Sofie, Sophie, Sonja y Sonya, entre otros. Estas variaciones pueden variar según la región y el idioma.

Personajes famosos: A lo largo de la historia, ha habido varias personalidades destacadas con el nombre de Sofía, incluyendo a princesas, escritoras, actrices y científicas. Entre ellas se encuentran la Reina Sofía (Princesa de Grecia y Dinamarca), la escritora Sofía Casanova, la actriz Sofía Vergara y la científica Sofía Kovalevskaya.

El nombre Sofía tiene una belleza clásica y atemporal, y su significado relacionado con la sabiduría le confiere un aire de elegancia y profundidad. Es un nombre que ha perdurado a lo largo de los años y que sigue siendo apreciado por su significado y su sonoridad

Mateo: Don de Dios.

El nombre "Mateo" es de origen hebreo y tiene un significado relacionado con el regalo de Dios. A continuación, te presento una elaboración sobre el nombre "Mateo":

Origen: El nombre "Mateo" proviene del hebreo "Mattithyahu" y del griego "Matthaios", que significa "don de Yahvé" o "regalo de Dios". En la Biblia, Mateo es el nombre del apóstol que escribió el Evangelio que lleva su nombre.

Significado: El significado principal asociado al nombre "Mateo" es "regalo de Dios" o "don de Dios". Se le atribuye la cualidad de ser una bendición divina y de llevar consigo una misión especial en la vida.

Personalidad: Las personas llamadas Mateo suelen ser percibidas como carismáticas, amigables y con una personalidad magnética. Tienen una gran capacidad de liderazgo y suelen ser optimistas y entusiastas. Además, suelen ser leales y comprometidos con sus seres queridos.

Popularidad: El nombre Mateo ha ganado popularidad en muchos países de habla hispana y ha sido incluido en las listas de nombres más utilizados. Su combinación de sonoridad agradable y significado positivo ha contribuido a su crecimiento en popularidad.

Variantes y diminutivos: Algunas variantes y diminutivos comunes del nombre Mateo incluyen Matías, Matt, Mati y Teo, entre otros. Estas variaciones pueden variar según la región y el idioma.

Personajes famosos: A lo largo de la historia, ha habido varias personalidades destacadas con el nombre de Mateo. Entre ellos se encuentran el apóstol Mateo, el evangelista, y el pintor italiano del Renacimiento, Mateo di Giovanni.

El nombre Mateo transmite una conexión con lo divino y se percibe como un regalo especial. Su popularidad y su significado positivo lo convierten en una elección atractiva para muchos padres. Es un nombre con historia y profundidad, que refleja la importancia de la espiritualidad y la fe en la vida.

Isabella: Consagrada a Dios.

El nombre "Isabella" es de origen hebreo y tiene un significado relacionado con la promesa de Dios. A continuación, te presento una elaboración sobre el nombre "Isabella":

Origen: El nombre "Isabella" es una variante del nombre hebreo "Elisheba" o "Elisheva", que significa "Dios es mi juramento" o "Dios es mi promesa". A través de diferentes idiomas y culturas, el nombre ha evolucionado hasta llegar a la forma "Isabella".

Significado: El significado principal asociado al nombre "Isabella" es "promesa de Dios" o "juramento de Dios". Se considera que las personas llamadas Isabella tienen una conexión especial con lo divino y se les atribuye una personalidad llena de gracia y bendición.

Personalidad: Las personas llamadas Isabella suelen ser percibidas como carismáticas, amables y elegantes. Tienden a ser creativas, expresivas y con un fuerte sentido de la estética. Además, se destacan por su inteligencia y perseverancia en alcanzar sus metas.

Popularidad: El nombre Isabella ha ganado gran popularidad en muchos países y ha sido incluido en las listas de nombres más utilizados. Su encanto y belleza han contribuido a su éxito, convirtiéndolo en una elección común para padres que buscan un nombre femenino sofisticado y distintivo.

Variantes y diminutivos: Algunas variantes y diminutivos comunes del nombre Isabella incluyen Isabel, Bella, Isa, Bela, Isabelle e Izzy, entre otros. Estas variaciones pueden variar según la región y el idioma.

Personajes famosos: A lo largo de la historia, ha habido varias personalidades destacadas con el nombre de Isabella. Entre ellas se encuentra la reina Isabel I de Inglaterra, conocida como "La Reina Virgen", y la actriz italiana Isabella Rossellini.

El nombre Isabella evoca una sensación de elegancia y belleza, junto con un significado profundo relacionado con la promesa divina. Su popularidad y versatilidad en diferentes culturas y idiomas lo convierten en una elección popular para muchas familias. Es un nombre que trasciende el tiempo y sigue siendo apreciado por su encanto y significado positivo.

Santiago: Suplantador.

El nombre "Santiago" es de origen hebreo y tiene un significado relacionado con la protección y la fe. A continuación, te presento una elaboración sobre el nombre "Santiago":

Origen: El nombre "Santiago" proviene del hebreo "Ya'aqov" o "Ya'akov", que significa "suplantador" o "sostenido por el talón". En el contexto bíblico, se hace referencia al patriarca Jacob, quien fue renombrado como "Israel". A lo largo de la historia, el nombre evolucionó y adoptó diferentes formas en diferentes culturas y regiones.

Significado: El significado principal asociado al nombre "Santiago" es "Dios protege" o "Dios guarda". También se le atribuye el significado de "hombre devoto" o "hombre de fe". Este nombre evoca la idea de una persona protegida y guiada por fuerzas divinas, así como alguien con una profunda conexión espiritual.

Personalidad: Las personas llamadas Santiago suelen ser percibidas como carismáticas, valientes y espirituales. Son líderes naturales y tienen una gran capacidad para motivar a otros. Se caracterizan por su determinación, confianza y perseverancia en la búsqueda de sus objetivos. Además, suelen ser leales, generosos y compasivos con los demás.

Popularidad: El nombre Santiago ha sido popular en muchos países hispanohablantes y ha mantenido su presencia a lo largo de los años. Su popularidad se debe en parte a su conexión con el apóstol Santiago, uno de los discípulos de Jesús, quien es considerado patrón de España y de otros lugares.

Variantes y diminutivos: Algunas variantes y diminutivos comunes del nombre Santiago incluyen Santi, Yago, Tiago, Sancho y Santino, entre otros. Estas variaciones pueden variar según la región y el idioma.

Personajes famosos: A lo largo de la historia, ha habido varias personalidades destacadas con el nombre de Santiago. Entre ellos se encuentra el apóstol Santiago, el futbolista español Santiago Bernabéu, y el ciclista colombiano Santiago Botero.

El nombre Santiago evoca una sensación de protección divina y fe arraigada. Su popularidad
significado trascienden las fronteras y continúa siendo apreciado en diferentes culturas. Es un
nombre que transmite fortaleza, liderazgo y una profunda conexión con lo espiritual.

Valentina: Fuerte, valiente.

El nombre "Valentina" es de origen latino y tiene un significado relacionado con la fuerza y la valentía. A continuación, te presento una elaboración sobre el nombre "Valentina":

Origen: El nombre "Valentina" deriva del término latino "valens", que significa "fuerte" o "valiente". Es una forma femenina del nombre "Valentín" y comparte raíces con la palabra "valor". Este nombre ha sido utilizado en diferentes culturas y ha adquirido popularidad en varios países.

Significado: El significado principal asociado al nombre "Valentina" es "fuerte" o "valiente". Transmite la idea de una persona con fortaleza interior, determinación y coraje. Se relaciona con la capacidad de enfrentar desafíos y superar obstáculos con valentía. Además, el nombre puede evocar cualidades como la nobleza, la generosidad y la honestidad.

Personalidad: Las personas llamadas Valentina suelen ser percibidas como fuertes, seguras de sí mismas y decididas. Tienen una personalidad enérgica y apasionada, mostrando un gran entusiasmo por la vida. Son creativas, con una mente abierta y dispuestas a explorar nuevas ideas y experiencias. Además, suelen ser leales, cariñosas y protectoras con sus seres queridos.

Popularidad: El nombre Valentina ha ganado popularidad en muchos países hispanohablantes y en otras partes del mundo. Es un nombre apreciado por su sonoridad y su significado positivo. Además, ha sido elegido como nombre de celebridades y personajes destacados, lo que también ha contribuido a su popularidad.

Variantes y diminutivos: Algunas variantes y diminutivos comunes del nombre Valentina incluyen Vale, Tina y Valen. Estas variaciones pueden variar según la región y el idioma.

Personajes famosos: A lo largo de la historia, ha habido varias personalidades destacadas con el nombre de Valentina. Entre ellas se encuentra la cosmonauta rusa Valentina Tereshkova (la primera mujer de la Historia humana en viajar al espacio) , la actriz argentina Valentina Bassi y la tenista rusa Valentina Ivajnenko.

El nombre Valentina evoca una sensación de fortaleza y valentía. Su popularidad y significado positivo lo hacen atractivo para muchas familias. Es un nombre que transmite determinación, energía y amor hacia los demás.

Alejandro: Defensor de los hombres.

El nombre "Alejandro" es de origen griego y tiene un significado relacionado con la protección y el liderazgo. A continuación, te presento una elaboración sobre el nombre "Alejandro":

Origen: El nombre "Alejandro" proviene del griego antiguo "Alexandros", que se compone de las palabras "alexō" (defender) y "anēr" (hombre). Por lo tanto, su significado literal es "defensor o protector del hombre". Es un nombre que ha sido ampliamente utilizado a lo largo de la historia y se asocia principalmente con el famoso conquistador macedonio Alejandro Magno.

Significado: El nombre "Alejandro" transmite la idea de una persona que tiene una naturaleza protectora y valiente. Se asocia con la capacidad de liderar, tomar decisiones audaces y enfrentar desafíos con determinación. Además, puede evocar cualidades como la fortaleza, el coraje y la tenacidad.

Personalidad: Las personas llamadas Alejandro suelen ser percibidas como líderes naturales. Son carismáticas, enérgicas y tienen una fuerte presencia. Poseen habilidades para motivar a otros y se destacan en roles de liderazgo. Son emprendedores y perseverantes, dispuestos a asumir responsabilidades y tomar iniciativa. Además, suelen ser leales, generosos y compasivos hacia sus seres queridos.

Popularidad: El nombre Alejandro ha sido ampliamente utilizado en numerosos países y culturas. Es un nombre que ha mantenido su popularidad a lo largo del tiempo debido a su sonoridad y su asociación con figuras históricas influyentes. Además de Alejandro Magno, también ha habido otros personajes famosos con este nombre, como el actor español Alejandro Sanz y el tenista español Alejandro Davidovich Fokina.

Variantes y diminutivos: Algunas variantes y diminutivos comunes del nombre Alejandro incluyen Alex, Álex, Alejo y Sandro. Estas variaciones pueden ser utilizadas como formas más informales o cariñosas del nombre principal.

Personajes famosos: Además de Alejandro Magno, ha habido otros personajes destacados con el nombre de Alejandro a lo largo de la historia. Por ejemplo, el escritor y poeta chileno Alejandro Jodorowsky, el pintor español Alejandro Obregón y el futbolista argentino Alejandro Sabella.

El nombre Alejandro evoca una sensación de protección y liderazgo. Su popularidad y significado positivo lo convierten en una elección común para muchos padres. Es un nombre que transmite determinación, valentía y un espíritu emprendedor.

Natalia: Nacida en Navidad

El nombre "Natalia" es de origen latino y tiene un hermoso significado relacionado con el nacimiento y el día de Navidad. A continuación, te presento una elaboración sobre el nombre "Natalia":

Origen: El nombre "Natalia" deriva del término latino "natalis", que significa "nacimiento" o "día de Navidad". Este nombre se asocia directamente con el nacimiento de Jesucristo y se considera una referencia al espíritu festivo y alegre de la Navidad.

Significado: El nombre "Natalia" transmite la idea de un nuevo comienzo, un renacimiento o un regalo especial. Se asocia con la idea de la vida y la celebración. También evoca la imagen de una persona amorosa, compasiva y alegre, que trae luz y felicidad a quienes la rodean.

Personalidad: Las personas llamadas Natalia suelen ser percibidas como amables, cariñosas y llenas de energía positiva. Son personas familiares y cercanas, que valoran las relaciones interpersonales y buscan crear un ambiente cálido y acogedor. También se destacan por su creatividad y su capacidad para adaptarse a diferentes situaciones.

Popularidad: El nombre Natalia ha sido ampliamente utilizado en muchos países y culturas. Es un nombre que ha ganado popularidad en las últimas décadas y se considera una elección hermosa y elegante para las niñas. Además, ha sido popularizado por la presencia de personajes famosos con este nombre, como la actriz rusa Natalia Oreiro y la tenista rusa Natalia Zvereva.

Variantes y diminutivos: Algunas variantes y diminutivos comunes del nombre Natalia incluyen Naty, Nati y Talia. Estas variaciones pueden ser utilizadas como formas más informales o cariñosas del nombre principal.

Personajes famosos: Además de Natalia Oreiro y Natalia Zvereva, ha habido otros personajes destacados con el nombre de Natalia. Por ejemplo, la cantante mexicana Natalia Lafourcade, l escritora italiana Natalia Ginzburg y la modelo rusa Natalia Vodianova.

El nombre Natalia evoca una sensación de alegría, amor y celebración. Su significado relacionado con el nacimiento y la Navidad lo convierte en una elección especial para muchos padres. Es un nombre que transmite calidez, bondad y una naturaleza luminosa.

Gabriel: Mensajero de Dios.

El nombre "Gabriel" es de origen hebreo y tiene un significado relacionado con la fuerza y la protección divina. A continuación, te presento una elaboración sobre el nombre "Gabriel":

Origen: El nombre "Gabriel" proviene del hebreo "Gavri'el" y se compone de dos elementos: "Gavri" que significa "fortaleza" y "El" que se refiere a "Dios". Por lo tanto, el nombre Gabriel puede interpretarse como "fuerza de Dios" o "fortaleza divina".

Significado: El nombre "Gabriel" transmite la idea de fortaleza, valentía y protección. Se asocia con la imagen de un mensajero celestial, ya que en la tradición bíblica, el arcángel Gabriel es conocido por ser el portador de importantes mensajes divinos. Gabriel es mencionado en el Antiguo Testamento y en el Nuevo Testamento, donde anuncia el nacimiento de Jesús a la Virgen María.

Personalidad: Las personas llamadas Gabriel suelen ser percibidas como personas fuertes, valientes y decididas. Son líderes naturales y tienen una gran capacidad para proteger y cuidar a los demás. También se caracterizan por ser comunicativos, carismáticos y con una gran habilidad para transmitir mensajes o ideas de manera clara y efectiva.

Popularidad: El nombre Gabriel ha sido ampliamente utilizado en diferentes culturas y religiones en todo el mundo. Es un nombre que ha mantenido su popularidad a lo largo del tiempo y se considera una elección clásica y significativa para los niños. Además, ha sido popularizado por la presencia de personajes famosos con este nombre, como el poeta italiano Gabriel D'Annunzio y el actor estadounidense Gabriel Byrne.

Variantes y diminutivos: Algunas variantes y diminutivos comunes del nombre Gabriel incluyen Gabo, Gaby y Gabi. Estas formas pueden utilizarse como formas más informales o cariñosas del nombre principal.

Personajes famosos: Además de Gabriel D'Annunzio y Gabriel Byrne, ha habido otros personajes destacados con el nombre de Gabriel. Por ejemplo, el escritor colombiano Gabriel

García Márquez, el cantante estadounidense Gabriel "Gabe" Saporta y el futbolista argentino Gabriel Batistuta.

El nombre Gabriel evoca una sensación de fortaleza, protección y conexión con lo divino. Su significado bíblico y su asociación con el arcángel Gabriel lo convierten en una elección poderosa y significativa para muchos padres. Es un nombre que transmite liderazgo, valentía y una conexión espiritual profunda.

Camila: Juventud y perfección.

El nombre "Camila" tiene un origen latino y su significado está relacionado con cualidades como la nobleza, la juventud y la perfección. A continuación, te presento una elaboración sobre el nombre "Camila":

Origen: El nombre "Camila" proviene del latín "Camillus", que era un término utilizado en la antigua Roma para referirse a los jóvenes nobles encargados de los rituales religiosos. Con el tiempo, el nombre evolucionó y se convirtió en "Camilla", que se utilizaba para designar a las jóvenes nobles o doncellas.

Significado: El nombre "Camila" se asocia con cualidades como la nobleza, la juventud y la perfección. También puede interpretarse como "aquella que está libre de defectos" o "la que es perfecta". Estas connotaciones transmiten una imagen de belleza, elegancia y pureza.

Personalidad: Las personas llamadas Camila suelen ser percibidas como individuos carismáticos, encantadores y con una presencia magnética. Son personas sociables, creativas y con una gran capacidad para expresar sus emociones. También se destacan por ser leales, generosas y tener un gran sentido de la justicia.

Popularidad: En los últimos años, el nombre Camila ha experimentado un aumento significativo en popularidad en diferentes países de habla hispana y también en otras partes del mundo. Ha sido influenciado por la presencia de famosas cantantes y actrices con este nombre, lo que ha contribuido a su difusión y aceptación en la cultura popular.

Variantes y diminutivos: Algunas variantes del nombre Camila incluyen Camilla, Kamila y Kamilla. En cuanto a los diminutivos, se utilizan formas como Cami o Mila de manera cariñosa o informal.

Personajes famosos: Entre las personalidades famosas con el nombre Camila se encuentran la cantante cubano-estadounidense Camila Cabello, la actriz brasileña Camila Pitanga y la tenista italiana Camila Giorgi.

El nombre Camila evoca una imagen de belleza, juventud y perfección. Su significado refleja cualidades nobles y la conexión con la juventud y la pureza. Es un nombre que transmite encanto, carisma y una personalidad magnética. Por su creciente popularidad y su asociación con figuras destacadas en el mundo del espectáculo, el nombre Camila ha ganado reconocimiento y se ha convertido en una elección atractiva para muchos padres.

Lucas: Luminoso, iluminado.

El nombre "Lucas" tiene un origen latino y su significado está relacionado con la luz o el esplandor. A continuación, te presento una elaboración sobre el nombre "Lucas":

Origen: El nombre "Lucas" proviene del latín "Lucas", que a su vez deriva del término griego "Loukas". Ambas variantes tienen como raíz la palabra "lux", que significa "luz" en latín. El nombre se popularizó gracias al evangelista San Lucas, autor del tercer evangelio en el Nuevo Testamento de la Biblia.

Significado: El nombre "Lucas" se interpreta como "el portador de luz" o "el que brilla". La luz simboliza la iluminación, la claridad y la sabiduría, por lo que este nombre transmite una connotación positiva y luminosa.

Personalidad: Las personas llamadas Lucas suelen ser percibidas como individuos brillantes, inteligentes y carismáticos. Son curiosos, creativos y poseen una mente analítica. Tienden a ser amables, generosos y empáticos, lo que los convierte en buenos amigos y compañeros. Además, suelen tener una fuerte determinación y capacidad para superar obstáculos.

Popularidad: El nombre Lucas ha mantenido una popularidad constante a lo largo de los años en diferentes países. Ha sido influenciado por su asociación con el evangelista San Lucas y su contribución a la escritura bíblica. También ha sido elegido por muchos padres debido a su sonoridad agradable y su significado positivo.

Variantes y diminutivos: Algunas variantes del nombre Lucas incluyen Lucio, Luciano y Luca. En cuanto a los diminutivos, se utilizan formas como Lucho o Luki de manera cariñosa o informal.

Personajes famosos: Entre las personalidades famosas con el nombre Lucas se encuentran e
cineasta estadounidense George Lucas, el futbolista brasileño Lucas Moura y el actor
estadounidense Lucas Hedges.

El nombre Lucas evoca la idea de luz, resplandor y sabiduría. Su significado refleja la
capacidad de iluminar y transmitir conocimiento. Las personas con este nombre suelen
destacarse por su brillantez intelectual, su carisma y su capacidad para superar desafíos. Su
popularidad se debe a su asociación con figuras bíblicas y a su sonoridad agradable. Es una
elección frecuente para aquellos padres que buscan un nombre con un significado positivo y
con un toque de distinción.

Valeria: Fuerte, valiente.

El nombre "Valeria" es un nombre femenino de origen latino que ha ganado popularidad en varios países de habla hispana. A continuación, te proporcionaré una elaboración sobre el nombre "Valeria":

Origen: El nombre "Valeria" deriva del latín "Valerius", que a su vez se relaciona con la palabra "valere", que significa "ser fuerte" o "estar saludable". Tiene raíces en la antigua Roma y fue utilizado como nombre de familia en la nobleza romana.

Significado: El nombre "Valeria" se interpreta como "la valiente", "la fuerte" o "la saludable". Refleja la idea de una persona con fortaleza de carácter, determinación y vitalidad. También puede relacionarse con cualidades como la resistencia, la energía y la salud.

Personalidad: Las personas llamadas Valeria suelen ser percibidas como individuos seguros de sí mismos, con una gran fortaleza interna y una actitud positiva ante la vida. Son personas valientes, resistentes y con una gran capacidad para superar desafíos. También suelen destacar por su vitalidad y energía, irradiando un aura de optimismo y entusiasmo.

Popularidad: El nombre Valeria ha experimentado un aumento en popularidad en varios países de habla hispana en los últimos años. Su sonoridad agradable, su significado positivo y su conexión con la antigua Roma le han dado un atractivo especial entre los padres a la hora de elegir un nombre para sus hijas.

Variantes y diminutivos: Algunas variantes del nombre Valeria incluyen Valery, Valerie y Valéria, que son utilizadas en diferentes idiomas. En cuanto a los diminutivos, es común utilizar Val o Vale de manera cariñosa o informal.

Personajes famosos: Entre las personalidades famosas con el nombre Valeria se encuentran la actriz italiana Valeria Golino, la escritora chilena Valeria Sarmiento y la cantante argentina Valeria Lynch.

El nombre Valeria evoca la idea de fuerza, valentía y vitalidad. Su significado refleja la fortaleza interna y la determinación de la persona que lo lleva. Las personas con este nombre suelen destacarse por su actitud positiva, su energía contagiosa y su capacidad para enfrentar los desafíos de la vida. Su popularidad ha crecido debido a su sonoridad agradable y su conexión con la historia romana. Es una elección frecuente para aquellos padres que desean un nombre femenino con un significado positivo y una connotación de fortaleza.

Daniel: Dios es mi juez.

El nombre "Daniel" es un nombre masculino de origen hebreo que ha sido ampliamente utilizado en diferentes culturas y países. A continuación, te proporcionaré una elaboración sobre el nombre "Daniel":

Origen: El nombre "Daniel" tiene sus raíces en el hebreo bíblico, específicamente en el libro de Daniel en el Antiguo Testamento. En hebreo, se escribe como דָּנִיֵּאל y su significado se interpreta como "Dios es mi juez" o "juicio de Dios".

Significado: El nombre "Daniel" transmite la idea de que la persona es guiada o protegida por Dios en sus juicios o decisiones. Sugiere una conexión especial con la divinidad y una confianza en la justicia divina.

Personalidad: Las personas llamadas Daniel suelen ser percibidas como individuos inteligentes, sabios y justos. Tienen una gran capacidad de discernimiento y toman decisiones con prudencia. También se les atribuyen cualidades como la responsabilidad, la honestidad y la rectitud. Son personas equilibradas y comprometidas con sus valores y creencias.

Popularidad: El nombre Daniel ha sido ampliamente utilizado en muchas culturas y países, lo que lo convierte en un nombre común y reconocido a nivel mundial. Ha mantenido su popularidad a lo largo del tiempo debido a su sonoridad agradable, su significado profundo y su presencia en la historia y la tradición religiosa.

Variantes y diminutivos: Algunas variantes del nombre Daniel incluyen Daniele en italiano, Daniël en holandés y Dániel en húngaro. En cuanto a los diminutivos, es común utilizar Dani o Danny de manera cariñosa o informal.

Personajes famosos: Entre las personalidades famosas con el nombre Daniel se encuentran el actor británico Daniel Radcliffe, conocido por su papel protagónico en la saga de Harry Potter, el escritor inglés Daniel Defoe, y el actor mexicano Daniel Giménez Cacho.

El nombre Daniel evoca la idea de la conexión divina y la justicia divina. Las personas con este nombre suelen destacarse por su sabiduría, su prudencia y su compromiso con la honestidad y la rectitud. Su popularidad se debe a su significado profundo, su presencia en la tradición religiosa y su reconocimiento a nivel mundial. Es una elección frecuente para aquellos padres que buscan un nombre masculino con un significado espiritual y una connotación de sabiduría y rectitud.

Emma: Universal, completa.

El nombre "Emma" es un nombre femenino que ha ganado popularidad en diversas culturas y países en las últimas décadas. A continuación, te proporcionaré una elaboración sobre el nombre "Emma":

Origen: El origen del nombre "Emma" se remonta a la antigua Alemania y se deriva de la palabra germánica "ermen", que significa "entero" o "universal". Es un nombre que ha sido utilizado desde hace siglos y ha mantenido su encanto y atractivo a lo largo del tiempo.

Significado: El nombre "Emma" se interpreta como "la que es completa" o "la universal". Transmite la idea de una persona integral, versátil y llena de cualidades positivas. También se asocia con la idea de fuerza, determinación y poder.

Personalidad: Las personas llamadas Emma suelen ser percibidas como individuos amigables, carismáticos y optimistas. Tienen una personalidad encantadora y suelen ser el centro de atención en cualquier situación. Son creativas, enérgicas y tienen una gran capacidad para adaptarse a diferentes entornos y situaciones.

Popularidad: En las últimas décadas, el nombre Emma ha experimentado un aumento significativo en popularidad en muchos países, especialmente en Europa y América del Norte. Ha sido elegido por muchas celebridades y se ha convertido en un nombre común y reconocible en la sociedad.

Variantes y diminutivos: Algunas variantes del nombre Emma incluyen Emmeline, Emmie, Emmaline y Emily. En cuanto a los diminutivos, es común utilizar Em o Emmi como formas cariñosas o informales del nombre.

Personajes famosos: Entre las personalidades famosas con el nombre Emma se encuentran la
actriz estadounidense Emma Stone, ganadora de un premio de la Academia, la política
española Emma Buj, y la actriz británica Emma Watson, conocida por su papel de Hermione
Granger en las películas de Harry Potter.

El nombre Emma evoca la idea de una persona completa, versátil y poderosa. Las personas
con este nombre suelen destacarse por su carisma, su energía y su capacidad de adaptación.
Su popularidad se debe a su sonoridad agradable, su significado profundo y su asociación con
figuras famosas y exitosas. Es una elección frecuente para aquellos padres que buscan un
nombre femenino que transmita cualidades positivas y encanto.

David: Amado.

El nombre "David" es un nombre masculino que tiene una larga historia y se encuentra en diferentes culturas y tradiciones. A continuación, te proporcionaré una elaboración sobre el nombre "David":

Origen: El nombre "David" tiene su origen en el hebreo antiguo y está asociado con el rey David de Israel, quien fue conocido por su valentía y liderazgo en la Biblia. El término hebreo "dawid" significa "amado" o "favorito", lo que refleja la importancia y aprecio que se le dio a este nombre en la antigüedad.

Significado: El nombre "David" se interpreta como "amado" o "el elegido". Transmite la idea de alguien querido y estimado, con cualidades destacadas que lo distinguen. También se asocia con la fortaleza, la sabiduría y el coraje.

Personalidad: Las personas llamadas David suelen ser percibidas como individuos carismáticos, amigables y con un gran sentido de la responsabilidad. Son líderes naturales y tienen una gran capacidad para inspirar a los demás. Son personas inteligentes, creativas y determinadas, con una mentalidad emprendedora y una voluntad de superación.

Popularidad: El nombre David ha sido ampliamente utilizado en muchas culturas y ha mantenido su popularidad a lo largo del tiempo. Es común en países de habla inglesa, hispana y hebrea, entre otros. Ha sido elegido por muchos padres debido a su sonoridad agradable y su significado profundo.

Variantes y diminutivos: Algunas variantes del nombre David incluyen Dave, Davy y Davi. Además, en diferentes idiomas y culturas, el nombre puede tener variaciones específicas, como Dawood en árabe o Dávid en húngaro.

Personajes famosos: Entre las personalidades famosas con el nombre David se encuentran el cantante inglés David Bowie, el futbolista inglés David Beckham y el actor estadounidense David Duchovny.

El nombre David evoca la idea de alguien amado y elegido, con cualidades destacadas que lo hacen sobresalir. Las personas con este nombre suelen destacarse por su liderazgo, su carisma y su determinación. Su popularidad se debe a su rica historia, su significado profundo y su asociación con figuras famosas y exitosas. Es una elección frecuente para aquellos padres que buscan un nombre masculino que transmita fuerza y aprecio.

Victoria: Victoria, triunfo.

El nombre "Victoria" es un nombre femenino que tiene una gran carga simbólica y significado. A continuación, te proporcionaré una elaboración sobre el nombre "Victoria":

Origen: El nombre "Victoria" tiene origen en el latín y deriva del término "victoria", que significa "victoria" o "triunfo". Este nombre era utilizado en la antigua Roma para honrar a la diosa de la victoria, Victoria.

Significado: El nombre "Victoria" se interpreta como "la victoriosa" o "la triunfadora". Representa la idea de superar obstáculos, alcanzar metas y lograr el éxito en diversas áreas de la vida. Es un nombre que evoca fuerza, determinación y perseverancia.

Personalidad: Las personas llamadas Victoria suelen ser percibidas como individuos seguros de sí mismos, ambiciosos y con una actitud positiva ante los desafíos. Son perseverantes y tienen una gran capacidad para enfrentar situaciones difíciles. Son líderes naturales y destacan en su capacidad para alcanzar sus objetivos.

Popularidad: El nombre Victoria ha sido ampliamente utilizado en muchas culturas y ha mantenido su popularidad a lo largo del tiempo. Es común en países de habla hispana, inglesa y europea. Es una elección popular entre los padres debido a su elegancia y su asociación con el éxito y el logro.

Variantes y diminutivos: Algunas variantes del nombre Victoria incluyen Vicky, Viktoria, Victoire, Vittoria y Viktoriya. Además, en diferentes idiomas y culturas, el nombre puede tener variaciones específicas.

Personajes famosos: Entre las personalidades famosas con el nombre Victoria se encuentran la reina Victoria del Reino Unido, la diseñadora de moda Victoria Beckham, la actriz española Victoria Abril y la cantante estadounidense Victoria Justice.

El nombre Victoria evoca la idea de triunfo y éxito, transmitiendo una imagen de fortaleza y determinación. Las personas con este nombre suelen ser líderes naturales, ambiciosas y perseverantes. Su popularidad se debe a su significado profundo y su asociación con figuras destacadas en diferentes campos. Es una elección común para aquellos padres que desean un nombre femenino que transmita confianza y éxito.

Adrián: Natural del mar.

El nombre "Adrián" es un nombre masculino con un origen y significado interesantes. A continuación, te proporcionaré una elaboración sobre el nombre "Adrián":

Origen: El nombre "Adrián" proviene del latín y tiene su origen en la palabra "Adrianus", que significa "nacido o proveniente del mar" o "natural de la región de Adria". Adria era el nombre de una ciudad portuaria ubicada en la región de Venecia, en Italia.

Significado: El nombre "Adrián" se interpreta como "hombre proveniente del mar" o "hombre de origen marino". Hace referencia a la conexión con el mar y evoca la idea de fuerza, amplitud y tranquilidad. También puede asociarse con la imagen de alguien viajero o aventurero.

Personalidad: Las personas llamadas Adrián suelen ser percibidas como individuos tranquilos, amables y empáticos. Son personas comunicativas, sociables y tienen una gran capacidad para relacionarse con los demás. También se caracterizan por su determinación y perseverancia en la consecución de sus metas.

Popularidad: El nombre Adrián ha sido bastante popular en diversas culturas. Es común en países de habla hispana, así como en otros lugares del mundo. Su popularidad se debe a su sonoridad agradable, su significado relacionado con el mar y su uso en la historia y la literatura.

Variantes y diminutivos: Algunas variantes del nombre Adrián incluyen Adriano, Hadrián, Adrià, Hadrianus y Adrien. También se utilizan diminutivos como Adri, Adriancito o Adry.

Personajes famosos: Entre las personalidades famosas con el nombre Adrián se encuentran el futbolista español Adrián San Miguel, el actor mexicano Adrián Uribe, el cantante argentino Adrián Barilari y el poeta español Adrián González.

El nombre Adrián evoca la idea de conexión con el mar y transmite una imagen de tranquilidad y amplitud. Las personas con este nombre suelen ser consideradas amigables, comunicativas y empáticas. Su popularidad se debe a su sonoridad agradable y su significado relacionado con el mar. Es una elección común para aquellos padres que desean un nombre masculino que refleje cualidades positivas y una conexión con la naturaleza.

Carolina: Fuerte, viril.

El nombre "Carolina" es un nombre femenino con un origen y significado fascinantes. A continuación, te proporcionaré una elaboración sobre el nombre "Carolina":

Origen: El nombre "Carolina" tiene un origen germánico y se deriva del nombre "Karl" o "Carl", que significa "hombre libre" o "mujer fuerte". También puede ser considerado como una forma femenina del nombre "Carlos".

Significado: El nombre "Carolina" se interpreta como "mujer fuerte" o "mujer valiente". Refleja la idea de una persona con determinación, fortaleza y coraje. Es un nombre que evoca cualidades positivas y transmite una imagen de confianza y seguridad.

Personalidad: Las personas llamadas Carolina suelen ser percibidas como individuos carismáticos, decididos y seguros de sí mismos. Son mujeres independientes, con una gran capacidad de liderazgo y una actitud positiva hacia la vida. También se destacan por su amabilidad, generosidad y habilidades para la comunicación.

Popularidad: El nombre Carolina es bastante popular en diferentes culturas y países. Ha sido utilizado durante siglos y ha mantenido su atractivo a lo largo del tiempo. Es común en países de habla hispana, así como en otras partes del mundo. Su popularidad se debe a su elegancia y a la imagen positiva que transmite.

Variantes y diminutivos: Algunas variantes del nombre Carolina incluyen Carola, Carol, Lina, Carolin, Carolyn y Karolina. También se utilizan diminutivos cariñosos como Caro o Lina.

Personajes famosos: Entre las personalidades famosas con el nombre Carolina se encuentran la actriz española Carolina Bang, la escritora colombiana Carolina Sanín, la tenista checa Karolína Plíšková y la cantante portuguesa Carolina Deslandes.

El nombre Carolina transmite la idea de una mujer fuerte y valiente, con una actitud positiva hacia la vida. Las personas con este nombre suelen ser consideradas carismáticas, independientes y con habilidades de liderazgo. Su popularidad se debe a su elegancia y a la imagen positiva que evoca. Es una elección común para aquellos padres que desean un nombre femenino que refleje cualidades positivas y una personalidad segura de sí misma.

Miguel: Quién como Dios.

El nombre "Miguel" es un nombre masculino con un origen y significado interesantes. A continuación, te proporcionaré una elaboración sobre el nombre "Miguel":

Origen: El nombre "Miguel" tiene un origen hebreo y deriva del término "Mikha'el", que significa "¿quién como Dios?". También se asocia con el arcángel Miguel, uno de los principales ángeles en la tradición judeocristiana.

Significado: El nombre "Miguel" se interpreta como "quien es como Dios" o "aquel que es similar a Dios". Refleja la idea de alguien que tiene una conexión espiritual, fortaleza y poder divino. El nombre lleva consigo una connotación de lealtad y valentía.

Personalidad: Las personas llamadas Miguel suelen ser percibidas como individuos amables, generosos y leales. Son personas que muestran una gran determinación y valentía en la vida. Son líderes naturales, con una fuerte ética de trabajo y una actitud de protección hacia sus seres queridos. También se destacan por su sabiduría y habilidades para resolver problemas.

Popularidad: El nombre Miguel es muy popular en muchos países y culturas, tanto en el mundo hispano como en otras partes del mundo. Ha sido utilizado a lo largo de la historia y ha mantenido su atractivo debido a su significado profundo y su sonoridad agradable.

Variantes y diminutivos: Algunas variantes del nombre Miguel incluyen Michael, Michel, Michele y Mikey. Los diminutivos comunes son Migue, Miki y Miguelito.

Personajes famosos: Entre las personalidades famosas con el nombre Miguel se encuentran el escritor español Miguel de Cervantes, el libertador mexicano Miguel Hidalgo, y el cantante español Miguel Bosé.

El nombre Miguel transmite la idea de alguien que es similar a Dios y que posee cualidades de lealtad, valentía y protección. Las personas con este nombre suelen ser percibidas como amables, generosas y líderes naturales. Su popularidad se debe a su significado profundo y su sonoridad agradable. Es una elección común para aquellos padres que desean un nombre masculino con un trasfondo espiritual y connotaciones positivas.

Andrea: Valiente, varonil.

El nombre "Andrea" es un nombre femenino con un origen y significado interesantes. A continuación, te proporcionaré una elaboración sobre el nombre "Andrea":

Origen: El nombre "Andrea" tiene un origen griego y es la forma femenina del nombre masculino "Andrés". Deriva de la palabra griega "anér" que significa "hombre" o "varonil".

Significado: El nombre "Andrea" se interpreta como "valiente", "fuerte" o "viril". Aunque históricamente ha sido más común como nombre masculino, en la actualidad se utiliza ampliamente como nombre femenino en muchos países.

Personalidad: Las personas llamadas Andrea suelen ser percibidas como individuos inteligentes, independientes y creativos. Son personas que poseen una gran fortaleza interior y un espíritu valiente. Son líderes naturales y tienen habilidades para tomar decisiones y enfrentar desafíos. Además, suelen ser personas amigables, compasivas y leales en sus relaciones personales.

Popularidad: El nombre Andrea es muy popular en varios países y culturas, tanto como nombre masculino como femenino. En algunos lugares, es más comúnmente utilizado como nombre femenino, mientras que en otros se utiliza en ambos géneros. Su popularidad se debe a su sonoridad agradable y su adaptabilidad a diferentes idiomas y culturas.

Variantes y diminutivos: Algunas variantes del nombre Andrea incluyen Andreina, Andreea, Andréa y Andrée. Los diminutivos comunes son Andi y Andy.

Personajes famosos: Entre las personalidades famosas con el nombre Andrea se encuentran la escritora estadounidense Andrea Dworkin,, la actriz mexicana Andrea Legarreta y la cantante colombiana Andrea Echeverri.

El nombre Andrea transmite la idea de alguien valiente, fuerte y viril. Las personas con este nombre suelen ser percibidas como inteligentes, independientes y creativas. Su popularidad se debe a su adaptabilidad y sonoridad agradable. Es una elección común para aquellos padres que buscan un nombre femenino con un trasfondo significativo y connotaciones positivas.

Manuel: Dios está con nosotros.

El nombre "Manuel" es un nombre masculino que tiene un origen y significado interesantes. A continuación, te proporcionaré una elaboración sobre el nombre "Manuel":

Origen: El nombre "Manuel" tiene su origen en el hebreo antiguo y deriva del nombre bíblico "Emanuel" o "Immanuel". "Emanuel" significa "Dios está con nosotros".

Significado: El nombre "Manuel" se interpreta como "Dios está con nosotros" o "Dios está entre nosotros". Refleja la creencia en la presencia divina y la cercanía de Dios hacia las personas.

Personalidad: Las personas llamadas Manuel suelen ser percibidas como individuos amables, carismáticos y confiables. Son personas que tienen una fuerte conexión con sus creencias y valores, y tienden a ser espirituales. También son conocidos por ser protectores, leales y generosos con sus seres queridos. Además, suelen ser trabajadores y perseverantes en la consecución de sus metas.

Popularidad: El nombre Manuel es muy popular en muchos países de habla hispana y también se utiliza en otras culturas. Es un nombre clásico y atemporal que ha mantenido su popularidad a lo largo de los años. Su sonoridad suave y su significado religioso han contribuido a su apreciación.

Variantes y diminutivos: Algunas variantes del nombre Manuel incluyen Manolo, Manu y Manel. Estos diminutivos se utilizan de manera informal y afectuosa para referirse a personas llamadas Manuel.

Personajes famosos: Entre las personalidades famosas con el nombre Manuel se encuentran el compositor español Manuel de Falla, el actor mexicano Manuel García-Rulfo y el futbolista alemán Manuel Neuer.

El nombre Manuel transmite la idea de la presencia divina y la cercanía de Dios. Las personas con este nombre suelen ser percibidas como amables, carismáticas y confiables. Su popularidad se debe a su significado religioso y a su uso tradicional en muchas culturas. Es una elección común para aquellos padres que buscan un nombre masculino con un trasfondo espiritual y connotaciones positivas.

María: Amargura y elegida.

El nombre "María" es un nombre femenino con un origen y significado interesantes. A continuación, te proporcionaré una elaboración sobre el nombre "María":

Origen: El nombre "María" tiene su origen en el hebreo y es de gran importancia en la tradición cristiana. Deriva del nombre hebreo "Miriam", que significa "amargura" o "rebelión".

Significado: El nombre "María" se interpreta como "amada por Dios" o "la elegida de Dios". Es un nombre que evoca pureza, gracia y devoción. María es reconocida como la madre de Jesús en la tradición cristiana y es considerada un símbolo de amor y bondad.

Personalidad: Las personas llamadas María suelen ser percibidas como seres compasivos, cariñosos y llenos de bondad. Son personas sensibles y espirituales, que valoran las relaciones familiares y la armonía. También se destacan por su devoción y fe, y pueden tener una inclinación hacia el servicio y la ayuda a los demás.

Popularidad: El nombre María ha sido popular a lo largo de la historia y sigue siendo uno de los nombres más utilizados en muchos países hispanohablantes. Su popularidad se debe a su connotación religiosa, así como a su belleza y sonoridad.

Variantes y diminutivos: Algunas variantes del nombre María incluyen Mariana, Mariela, Marietta y Mariángela. Los diminutivos comunes son Marita, Mari, Marí, Mía y Mimi.

Personajes famosos: Entre las personalidades famosas con el nombre María se encuentran la cantante mexicana María José, la pedagoga italiana Maria Montessori y la escritora chilena María Luisa Bombal.

El nombre María transmite la idea de alguien amada por Dios y elegida por él. Las personas con este nombre suelen ser percibidas como compasivas, cariñosas y llenas de bondad. Su popularidad se debe a su connotación religiosa y a su belleza. Es una elección común para aquellos padres que buscan un nombre femenino con una fuerte carga espiritual y un significado trascendental.

Juan: Gracia de Dios.

El nombre "Juan" es un nombre masculino con un origen y significado interesantes. A continuación, te proporcionaré una elaboración sobre el nombre "Juan":

Origen: El nombre "Juan" tiene un origen hebreo y es una variante del nombre bíblico "Yohanan". Deriva de las palabras hebreas "Yah" que significa "Dios" y "hanan" que significa "mostrar favor" o "ser misericordioso".

Significado: El nombre "Juan" se interpreta como "Dios ha sido misericordioso" o "agraciado por Dios". Es un nombre que refleja la relación cercana con lo divino y la bendición de Dios. Juan es un nombre con una fuerte connotación religiosa y es considerado un símbolo de fe y devoción.

Personalidad: Las personas llamadas Juan suelen ser percibidas como individuos carismáticos, amigables y con una gran capacidad de liderazgo. Son personas de gran determinación y perseverancia, que buscan la excelencia en todo lo que hacen. También se destacan por su honestidad, lealtad y generosidad hacia los demás.

Popularidad: El nombre Juan es muy popular en muchos países hispanohablantes y en diferentes culturas alrededor del mundo. Su popularidad se debe a su larga tradición histórica y a su asociación con figuras destacadas en la religión, la política y las artes.

Variantes y diminutivos: Algunas variantes del nombre Juan incluyen Juanito, Juancho, Juancito y Juanito. Los diminutivos comunes son Juani, Juanito y Juancho.

Personajes famosos: Entre las personalidades famosas con el nombre Juan se encuentran el escritor mexicano Juan Rulfo, el cantante colombiano Juanes y el futbolista argentino Juan Román Riquelme.

El nombre Juan transmite la idea de alguien agraciado por Dios y con una estrecha relación con lo divino. Las personas con este nombre suelen ser percibidas como carismáticas, amigables y con una gran determinación. Su popularidad se debe a su tradición histórica y a su asociación con figuras destacadas en diferentes campos.

Laura: Triunfo y gloria.

El nombre "Laura" es un nombre femenino con un origen y significado interesantes. A continuación, te proporcionaré una elaboración sobre el nombre "Laura":

Origen: El nombre "Laura" tiene un origen latino y deriva del término "laurus", que significa "laurel". En la antigua Roma, la corona de laurel era un símbolo de honor y victoria, por lo que el nombre Laura se asocia con la idea de triunfo y gloria.

Significado: El nombre "Laura" se interpreta como "laurel" o "victoriosa". Transmite la idea de una persona valiente, exitosa y con una gran fuerza interior. Laura es un nombre con connotaciones positivas y simboliza el éxito y el reconocimiento.

Personalidad: Las personas llamadas Laura suelen ser percibidas como individuos amables, inteligentes y carismáticos. Son personas creativas y con una gran capacidad de expresión. También se destacan por su determinación y perseverancia para alcanzar sus metas. Son leales en sus relaciones personales y se preocupan por el bienestar de los demás.

Popularidad: El nombre Laura es muy popular en varios países y culturas alrededor del mundo. Ha sido un nombre común a lo largo de la historia y sigue siendo apreciado por su belleza y significado. Su popularidad se debe a su sonoridad suave y su adaptabilidad a diferentes idiomas.

Variantes y diminutivos: Algunas variantes del nombre Laura incluyen Lourdes, Laurie, Lauren y Laurette. Los diminutivos comunes son Laurita, Lauri y Lala.

Personajes famosos: Entre las personalidades famosas con el nombre Laura se encuentran la escritora estadounidense Laura Ingalls Wilder, la actriz mexicana Laura Zapata y la cantante italiana Laura Pausini.

El nombre Laura transmite la idea de alguien victorioso y triunfante. Las personas con este nombre suelen ser percibidas como amables, inteligentes y determinadas. Su popularidad se debe a su belleza y adaptabilidad. Es una elección común para aquellos padres que buscan un nombre femenino con un trasfondo significativo y connotaciones positivas.

Diego: Sostenido y sabio.

El nombre "Diego" es un nombre masculino con un origen y significado interesantes. A continuación, te proporcionaré una elaboración sobre el nombre "Diego":

Origen: El nombre "Diego" tiene un origen incierto, aunque se cree que proviene del griego "Didakhós" o del hebreo "Ya'akov", que significa "sostenido por el talón" o "sustituto". También se considera una forma corta del nombre Santiago.

Significado: El nombre "Diego" se interpreta como "hombre sostenido por el talón" o "sustituto". En la tradición bíblica, hace referencia a Jacob, quien agarró el talón de su hermano gemelo Esaú al nacer. El nombre sugiere una personalidad fuerte y resiliente, capaz de superar obstáculos.

Personalidad: Las personas llamadas Diego suelen ser percibidas como individuos enérgicos, valientes y perseverantes. Son personas ambiciosas y con una gran determinación para alcanzar sus metas. Además, son leales y protectores en sus relaciones personales, mostrando un fuerte sentido de la responsabilidad.

Popularidad: El nombre Diego es muy popular en varios países de habla hispana, como España y México. Es un nombre ampliamente utilizado y apreciado por su sonoridad y significado. Su popularidad se debe a su conexión con personajes históricos y literarios destacados, como Diego Velázquez y Diego Rivera.

Variantes y diminutivos: Algunas variantes del nombre Diego incluyen Diogo, Dídac y Tiago. Los diminutivos comunes son Dieguito y Didi.

Personajes famosos: Entre las personalidades famosas con el nombre Diego se encuentran el pintor español Diego Velázquez, el futbolista argentino Diego Maradona y el actor mexicano Diego Luna.

El nombre Diego transmite la idea de alguien fuerte, perseverante y ambicioso. Las personas con este nombre suelen ser percibidas como enérgicas y leales. Su popularidad se debe a su sonoridad y conexiones históricas. Es una elección común para aquellos padres que buscan un nombre masculino con un trasfondo significativo y connotaciones positivas.

Carla: Fortaleza e independencia.

El nombre "Carla" es un nombre femenino con un origen y significado interesantes. A continuación, te proporcionaré una elaboración sobre el nombre "Carla":

Origen: El nombre "Carla" tiene un origen germánico y es una variante femenina del nombre "Carlos". Proviene del término germánico "Karl", que significa "hombre libre" o "hombre fuerte".

Significado: El nombre "Carla" se interpreta como "mujer fuerte" o "mujer libre". Conserva el significado positivo asociado con "Carlos" y se utiliza para resaltar la fortaleza y la independencia en el contexto femenino.

Personalidad: Las personas llamadas Carla suelen ser percibidas como individuos seguros de sí mismos, decididos y con una gran fuerza interna. Son mujeres empoderadas, capaces de tomar decisiones y enfrentar desafíos con valentía. Además, suelen ser personas leales, amigables y compasivas en sus relaciones personales.

Popularidad: El nombre Carla es popular en varios países y culturas. Ha mantenido una presencia constante en las listas de nombres femeninos populares debido a su elegancia y sonoridad agradable. Es un nombre versátil que se adapta a diferentes tradiciones y estilos.

Variantes y diminutivos: Algunas variantes del nombre Carla incluyen Karla, Carlota y Carol. Los diminutivos comunes son Carlita y Carli.

Personajes famosos: Entre las personalidades famosas con el nombre Carla se encuentran la actriz española Carla Bruni, la actriz estadounidense Carla Guigino y la cantante mexicana Carla Morrison.

El nombre Carla transmite la idea de una mujer fuerte, independiente y segura de sí misma. Las personas con este nombre suelen ser percibidas como decididas y empoderadas. Su popularidad se debe a su elegancia y adaptabilidad. Es una elección común para aquellos padres que buscan un nombre femenino con un trasfondo significativo y connotaciones positivas.

Roberto: Brillante y destacado.

El nombre "Roberto" es un nombre masculino con un origen y significado interesantes. A continuación, te proporcionaré una elaboración sobre el nombre "Roberto":

Origen: El nombre "Roberto" tiene un origen germánico y proviene del término "Hrodebert", que se compone de las palabras "hrod" que significa "fama" y "beraht" que significa "brillante". Por lo tanto, su significado se puede interpretar como "hombre brillante" o "famoso con gloria".

Significado: El nombre "Roberto" se asocia con cualidades positivas como la fama, la inteligencia y el liderazgo. Transmite la idea de una persona destacada y respetada en su campo, alguien con una presencia brillante y carismática.

Personalidad: Las personas llamadas Roberto suelen ser percibidas como individuos carismáticos, inteligentes y confiables. Son líderes naturales, capaces de tomar decisiones sabias y guiar a otros. Además, suelen ser personas amigables, leales y generosas en sus relaciones personales.

Popularidad: El nombre Roberto es popular en varios países y culturas. Ha sido un nombre ampliamente utilizado a lo largo de la historia debido a su sonoridad y significado positivo. Es un nombre que evoca respeto y admiración.

Variantes y diminutivos: Algunas variantes del nombre Roberto incluyen Robert, Roberto, Rob, Robin y Bobby. Los diminutivos comunes son Robi y Bert.

Personajes famosos: Entre las personalidades famosas con el nombre Roberto se encuentran el futbolista brasileño Roberto Carlos, el actor italiano Roberto Benigni, ganador del Oscar, y el diseñador de moda español Roberto Cavalli.

El nombre Roberto transmite la idea de un hombre brillante, famoso y líder. Las personas con este nombre suelen ser percibidas como carismáticas, inteligentes y confiables. Su popularidad se debe a su sonoridad y significado positivo. Es una elección común para aquellos padres que buscan un nombre masculino con un trasfondo histórico y connotaciones de éxito.

Fernando: Valiente y audaz.

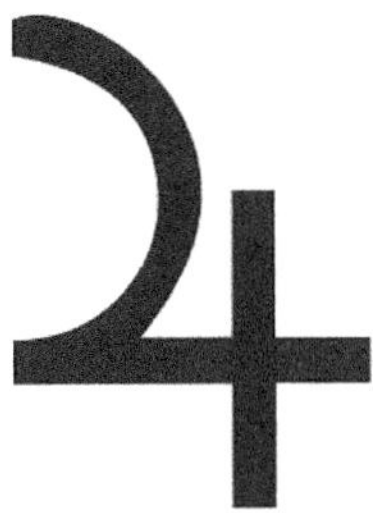

El nombre "Fernando" es un nombre masculino con un origen y significado interesantes. A continuación, te proporcionaré una elaboración sobre el nombre "Fernando":

Origen: El nombre "Fernando" tiene un origen germánico y deriva de las palabras "firthu" que significa "valiente" y "nanth" que significa "atrevido". Por lo tanto, su significado se puede interpretar como "valiente y atrevido".

Significado: El nombre "Fernando" se asocia con cualidades como la valentía, la determinación y la audacia. Transmite la idea de una persona valiente y decidida, alguien dispuesto a enfrentar desafíos y superar obstáculos.

Personalidad: Las personas llamadas Fernando suelen ser percibidas como individuos carismáticos, valientes y enérgicos. Son personas decididas y perseverantes, que no temen tomar riesgos y luchar por lo que creen. Además, suelen ser personas amables, leales y generosas en sus relaciones personales.

Popularidad: El nombre Fernando es popular en varios países y culturas. Ha sido un nombre utilizado a lo largo de la historia debido a su sonoridad y significado positivo. Es un nombre que evoca fortaleza y coraje.

Variantes y diminutivos: Algunas variantes del nombre Fernando incluyen Hernando, Fernand, Fernán y Nando. Los diminutivos comunes son Fer y Nando.

Personajes famosos: Entre las personalidades famosas con el nombre Fernando se encuentran el poeta portugués Fernando Pessoa, el futbolista argentino Fernando Redondo y el cantante mexicano Fernando Delgadillo.

El nombre Fernando transmite la idea de un hombre valiente, decidido y audaz. Las personas con este nombre suelen ser percibidas como carismáticas, valientes y enérgicas. Su popularidad se debe a su sonoridad y significado positivo. Es una elección común para aquellos padres que buscan un nombre masculino con un trasfondo histórico y connotaciones de fortaleza.

Marta: Dama responsable.

El nombre "Marta" es un nombre femenino con un origen y significado interesantes. A continuación, te proporcionaré una descripción detallada del nombre "Marta":

Origen: El nombre "Marta" tiene un origen hebreo y deriva del nombre "Miryam" o "María", que significa "amada por Dios" o "la elegida". En la Biblia, Marta es la hermana de María y Lázaro, y es conocida por ser una mujer trabajadora y hospitalaria.

Significado: El nombre "Marta" se interpreta como "señora" o "dueña de la casa". Refleja la imagen de una mujer responsable, trabajadora y dedicada al cuidado de su hogar y su familia.

Personalidad: Las personas llamadas Marta suelen ser percibidas como individuos organizados, trabajadores y responsables. Son personas comprometidas con sus responsabilidades y tienen habilidades para administrar y cuidar de su entorno. Además, suelen ser personas amigables, generosas y confiables en sus relaciones personales.

Popularidad: El nombre Marta es popular en varios países y culturas. Aunque puede considerarse un nombre tradicional, sigue siendo apreciado por su belleza y su significado profundo. Es una elección común para aquellos padres que buscan un nombre femenino clásico y con una connotación positiva.

Variantes y diminutivos: Algunas variantes del nombre Marta incluyen Martina, Maritza, Martita y Martuca. Los diminutivos comunes son Marti y Martita.

Personajes famosos: Entre las personalidades famosas con el nombre Marta se encuentra la tenista española Marta Marrero, la actriz argentina Marta Bianchi y la cantante española Marta Sánchez.

El nombre Marta evoca la imagen de una mujer responsable, trabajadora y dedicada al cuidado de su hogar y su familia. Las personas con este nombre suelen ser percibidas como organizadas, trabajadoras y responsables. Su popularidad se debe a su belleza y significado profundo. Es una elección acertada para aquellos padres que buscan un nombre femenino tradicional y con un trasfondo significativo.

Javier: Nuevo, luminoso.

El nombre "Javier" es un nombre masculino con un origen y significado interesantes. A continuación, te proporcionaré una descripción detallada del nombre "Javier":

Origen: El nombre "Javier" tiene un origen vasco y proviene del nombre "Etxeberria", que significa "casa nueva" o "nuevo hogar". Posteriormente, se latinizó como "Xaverius" y se asoció con el santo patrón San Francisco Javier.

Significado: El nombre "Javier" se interpreta como "propietario de una casa nueva" o "aquel que trae buenas nuevas". Refleja la imagen de una persona emprendedora, entusiasta y portadora de noticias positivas.

Personalidad: Las personas llamadas Javier suelen ser percibidas como individuos carismáticos, extrovertidos y optimistas. Son personas enérgicas, decididas y con una gran capacidad de comunicación. Además, suelen ser leales, amigables y generosos en sus relaciones personales.

Popularidad: El nombre Javier es muy popular en varios países de habla hispana. Es un nombre clásico y atemporal que ha mantenido su popularidad a lo largo de los años. Su sonoridad agradable y su significado positivo contribuyen a su atracción entre los padres.

Variantes y diminutivos: Algunas variantes del nombre Javier incluyen Xavier, Xavi, Javi y Xabier. Los diminutivos comunes son Javi y Javito.

Personajes famosos: Entre las personalidades famosas con el nombre Javier se encuentran el
actor español Javier Bardem, el futbolista mexicano Javier Hernández "Chicharito" y el director
español Javier Calvo.

El nombre Javier evoca la imagen de una persona emprendedora, entusiasta y portadora de
buenas noticias. Las personas con este nombre suelen ser percibidas como carismáticas,
extrovertidas y optimistas. Su popularidad se debe a su sonoridad agradable y a su conexión
con figuras destacadas en diversos ámbitos.

Rosa: Delicada y bella.

El nombre "Rosa" es un nombre femenino con un origen y significado interesantes. A continuación, te proporcionaré una descripción detallada del nombre "Rosa":

Origen: El nombre "Rosa" tiene un origen latino y se deriva de la palabra "rosa", que significa "rosa" en varios idiomas. La rosa es una flor altamente apreciada y simbólica en muchas culturas.

Significado: El nombre "Rosa" se interpreta como "rosa" y se asocia con la belleza, la delicadeza y la fragancia de esta flor. También representa el amor, la pasión y la gracia.

Personalidad: Las personas llamadas Rosa suelen ser percibidas como individuos amables, cariñosos y sensibles. Son personas con una gran capacidad empática, lo que les permite conectarse profundamente con los demás. Además, suelen ser creativas, románticas y poseen un espíritu optimista.

Popularidad: El nombre Rosa es bastante popular en muchos países y culturas. Ha sido utilizado a lo largo de los años y ha mantenido su encanto y atractivo. Su simplicidad y elegancia lo convierten en una elección popular entre los padres.

Variantes y diminutivos: Algunas variantes del nombre Rosa incluyen Rosalía, Rosita y Rosario. Los diminutivos comunes son Rosi y Rosita.

Personajes famosos: Entre las personalidades famosas con el nombre Rosa se encuentran la cantante española Rosa López, la escritora española Rosa Montero y la actriz estadounidense Rosa Salazar.

El nombre Rosa evoca la imagen de la belleza, la delicadeza y la fragancia de una rosa. Las personas con este nombre suelen ser percibidas como amables, cariñosas y sensibles. Su popularidad se debe a su conexión con una de las flores más hermosas y simbólicas.

Carlos: Libre y fuerte.

El nombre "Carlos" es un nombre masculino con un origen y significado interesantes. A continuación, te proporcionaré una descripción detallada del nombre "Carlos":

Origen: El nombre "Carlos" tiene un origen germánico y se deriva del término "Karl", que significa "hombre libre" o "hombre fuerte". Es un nombre con una larga tradición y se ha utilizado en varias culturas a lo largo de la historia.

Significado: El nombre "Carlos" se interpreta como "hombre libre" o "hombre fuerte". Refleja la fortaleza, el coraje y la determinación en aquellos que llevan este nombre. Además, se asocia con cualidades como la valentía, la nobleza y la lealtad.

Personalidad: Las personas llamadas Carlos suelen ser percibidas como individuos carismáticos, enérgicos y decididos. Son líderes naturales y tienen una gran capacidad para inspirar a los demás. Además, son personas honestas, confiables y comprometidas en sus relaciones personales y profesionales.

Popularidad: El nombre Carlos es bastante popular en muchos países y culturas. Ha sido ampliamente utilizado a lo largo de los años y ha mantenido su atractivo y encanto. Su sonoridad y significado poderoso lo convierten en una elección popular para los padres.

Variantes y diminutivos: Algunas variantes del nombre Carlos incluyen Carlo, Carl, Charles y Karol. Los diminutivos comunes son Carlitos y Charly.

Personajes famosos: Entre las personalidades famosas con el nombre Carlos se encuentran el rey español Carlos I, el futbolista argentino Carlos Tevez y el cantante venezolano Carlos Baute.

El nombre Carlos transmite la idea de un hombre libre y fuerte. Las personas con este nombre suelen ser percibidas como carismáticas, enérgicas y decididas. Su popularidad se debe a su significado poderoso y su capacidad para inspirar a otros.

Beatriz: Bendita felicidad.

El nombre "Beatriz" es un nombre femenino con un origen y significado interesantes. A continuación, te proporcionaré una descripción detallada del nombre "Beatriz":

Origen: El nombre "Beatriz" tiene un origen latino y proviene del término "beatus", que significa "bendito" o "feliz". Es un nombre que ha sido utilizado desde la antigüedad y ha sido popular en diferentes culturas y países.

Significado: El nombre "Beatriz" se interpreta como "aquella que trae felicidad" o "bendita". Refleja la idea de una persona que irradia alegría, serenidad y bienestar a su alrededor. Además, se asocia con cualidades como la bondad, la amabilidad y la generosidad.

Personalidad: Las personas llamadas Beatriz suelen ser percibidas como individuos amables, compasivos y llenos de alegría. Son personas con un espíritu optimista y una actitud positiva ante la vida. Además, son respetuosas, empáticas y tienen una gran capacidad para relacionarse con los demás.

Popularidad: El nombre Beatriz es bastante popular en muchos países de habla hispana y también se encuentra en otras culturas. Ha sido apreciado a lo largo de los años por su delicadeza y su conexión con la felicidad y la bondad.

Variantes y diminutivos: Algunas variantes del nombre Beatriz incluyen Beatrix, Beatrice y Béatrice. Los diminutivos comunes son Bea y Bety.

Personajes famosos: Entre las personalidades famosas con el nombre de Beatriz se encuentran la cantante española Beatriz Luengo, la periodista chilena Beatriz Sánchez y la reina de los Países Bajos Beatrix Wilhelmina Armgard.

El nombre Beatriz transmite la idea de alguien que trae felicidad y bendiciones. Las personas con este nombre suelen ser percibidas como amables, compasivas y llenas de alegría. Su popularidad se debe a su conexión con cualidades positivas y su resonancia agradable.

Hugo: Brillante y resplandeciente.

El nombre "Hugo" es un nombre masculino con un origen y significado interesantes. A continuación, te proporcionaré una descripción detallada del nombre "Hugo":

Origen: El nombre "Hugo" tiene un origen germánico y proviene del término "hug" o "hugi", que significa "inteligente" o "brillante". Es un nombre que ha sido utilizado desde tiempos antiguos y ha mantenido su popularidad a lo largo de los años.

Significado: El nombre "Hugo" se interpreta como "mente brillante" o "inteligencia resplandeciente". Refleja la idea de una persona con un intelecto agudo, una mente rápida y una capacidad destacada para el razonamiento y el aprendizaje.

Personalidad: Las personas llamadas Hugo suelen ser percibidas como individuos inteligentes, creativos y con una gran capacidad de análisis. Son personas curiosas, inquisitivas y con una sed de conocimiento. Además, son personas carismáticas, amigables y con una gran habilidad para comunicarse.

Popularidad: El nombre Hugo es bastante popular en varios países y culturas, especialmente en países de habla hispana y germana. Su popularidad se debe a su sonoridad agradable, su historia antigua y su asociación con cualidades positivas como la inteligencia y la brillantez.

Variantes y diminutivos: Algunas variantes del nombre Hugo incluyen Hugon, Ugo y Hugh. Los diminutivos comunes son Huguito y Huguinho.

Personajes famosos: Entre las personalidades famosas con el nombre Hugo se encuentran el escritor francés Victor Hugo, el actor español Hugo Silva y el futbolista mexicano Hugo Sánchez.

El nombre Hugo transmite la idea de alguien con una mente brillante y una inteligencia destacada. Las personas con este nombre suelen ser percibidas como inteligentes, creativas y con una gran capacidad de análisis. Su popularidad se debe a su conexión con cualidades positivas y su resonancia agradable.

Oscar: Defensor divino.

El nombre "Óscar" es un nombre masculino con un origen y significado interesantes. A continuación, te proporcionaré una descripción detallada del nombre "Óscar":

Origen: El nombre "Óscar" tiene un origen escandinavo y proviene de la antigua palabra nórdica "Ásgeirr", que significa "lanza de los dioses". Es un nombre que tiene raíces históricas y mitológicas en la cultura vikinga.

Significado: El nombre "Óscar" se interpreta como "lanza divina" o "defensor divino". Refleja la idea de una persona valiente, fuerte y protectora, con habilidades destacadas para la lucha y la defensa.

Personalidad: Las personas llamadas Óscar suelen ser percibidas como individuos valientes, decididos y con una gran determinación. Son personas seguras de sí mismas, con una mentalidad fuerte y una actitud protectora hacia sus seres queridos. Además, suelen ser leales, honestas y con un sentido innato de la justicia.

Popularidad: El nombre Óscar es bastante popular en varios países y culturas, especialmente en países de habla hispana y escandinava. Su popularidad se debe a su historia legendaria, su sonoridad atractiva y su asociación con cualidades como el coraje y la fortaleza.

Variantes y diminutivos: Algunas variantes del nombre Óscar incluyen Oskar, Òscar y Óskar. Los diminutivos comunes son Oski y Ossie.

Personajes famosos: Entre las personalidades famosas con el nombre Óscar se encuentran el escritor irlandés Óscar Wilde, el diseñador dominicano Óscar de la Renta y el futbolista brasileño Óscar dos Santos.

El nombre Óscar transmite la idea de alguien valiente, fuerte y protector. Las personas con este nombre suelen ser percibidas como decididas, leales y con un sentido innato de la justicia. Su popularidad se debe a su conexión con cualidades positivas y su resonancia agradable.

Paula: Pequeña y humilde.

El nombre "Paula" es un nombre femenino con un origen y significado interesantes. A continuación, te proporcionaré una descripción detallada del nombre "Paula":

Origen: El nombre "Paula" tiene un origen latino y es la forma femenina del nombre masculino "Paulo", que significa "pequeño" o "humilde". Proviene del latín "Paulus", que a su vez deriva de "Paulus" en griego, que significa "pequeño" o "modesto".

Significado: El nombre "Paula" se interpreta como "la pequeña" o "la humilde". Refleja la idea de una persona sencilla, modesta y de buen corazón. También puede transmitir la idea de alguien valiente y decidido, a pesar de su modestia.

Personalidad: Las personas llamadas Paula suelen ser percibidas como individuos amables, generosos y con una actitud humilde. Son personas que se destacan por su inteligencia, su sensibilidad y su capacidad de empatía. Además, suelen ser perseverantes, dedicadas y comprometidas en todo lo que hacen.

Popularidad: El nombre Paula es bastante popular en varios países y culturas, especialmente en países de habla hispana y de origen latino. Su popularidad se debe a su sonoridad suave y su asociación con cualidades como la amabilidad y la modestia.

Variantes y diminutivos: Algunas variantes del nombre Paula incluyen Paola, Paulina y Pauline. Los diminutivos comunes son Pauli y Pau.

Personajes famosos: Entre las personalidades famosas con el nombre Paula se encuentran la cantante estadounidense Paula Abdul, la científica argentina Paula Bombara y la nadadora española Paula Ruiz.

El nombre Paula transmite la idea de alguien sencillo, modesto y de buen corazón. Las personas con este nombre suelen ser percibidas como amables, generosas y comprometidas. Su popularidad se debe a su conexión con cualidades positivas y su resonancia suave.

Ramón: Sabio consejero.

El nombre "Ramón" es un nombre masculino con un origen y significado interesantes. A continuación, te proporcionaré una descripción detallada del nombre "Ramón":

Origen: El nombre "Ramón" tiene un origen germánico y proviene del antiguo nombre "Raginmund", que está compuesto por los elementos "ragin" que significa "consejo" y "mund" que significa "protección". Por lo tanto, "Ramón" se interpreta como "consejero protector" o "protector sabio".

Significado: El nombre "Ramón" se asocia con cualidades como sabiduría, prudencia y protección. Refleja la idea de alguien que es un consejero confiable y protector para los demás. También puede transmitir la idea de una persona equilibrada y reflexiva.

Personalidad: Las personas llamadas Ramón suelen ser percibidas como individuos inteligentes, confiables y sabios. Son personas que poseen una gran capacidad de análisis y toma de decisiones. Además, suelen ser protectores, solidarios y están dispuestos a brindar apoyo a quienes los rodean.

Popularidad: El nombre Ramón ha sido bastante popular en varios países y culturas, especialmente en países de habla hispana y de origen latino. Aunque su popularidad ha disminuido en las últimas décadas, sigue siendo apreciado por su sonoridad clásica y su rica historia.

Variantes y diminutivos: Algunas variantes del nombre Ramón incluyen Raymond, Raimundo y Raymundo. Los diminutivos comunes son Ramoncito y Moncho.

Personajes famosos: Entre las personalidades famosas con el nombre Ramón se encuentran el escritor y filósofo español Ramón María del Valle-Inclán, el cantautor español Ramoncín y el futbolista argentino Ramón Díaz.

El nombre Ramón transmite la idea de alguien sabio, protector y confiable. Las personas con este nombre suelen ser percibidas como inteligentes, solidarias y equilibradas. Su popularidad se debe a su conexión con cualidades positivas y su sonoridad clásica.

Diana: Divina y resplandeciente.

El nombre "Diana" es un nombre femenino con un origen y significado interesantes. A continuación, te proporcionaré una descripción detallada del nombre "Diana":

Origen: El nombre "Diana" tiene un origen latino y está relacionado con la antigua deidad romana Diana, que era la diosa de la caza, la luna y la naturaleza. El nombre deriva del término latino "divus", que significa "divina" o "celestial".

Significado: El nombre "Diana" se interpreta como "divina" o "celestial". Refleja la idea de una persona que es noble, espiritual y tiene una conexión especial con la naturaleza. También puede transmitir la idea de una persona sensible y protectora.

Personalidad: Las personas llamadas Diana suelen ser percibidas como individuos inteligentes, intuitivos y empáticos. Son personas que poseen una fuerte conexión con su lado espiritual y tienen una profunda apreciación por la belleza natural. Además, suelen ser independientes, valientes y tienen un espíritu aventurero.

Popularidad: El nombre Diana ha sido bastante popular en varios países y culturas, especialmente en países de habla hispana y de origen latino. Su popularidad se debe a su belleza y a la conexión con la diosa romana Diana. Además, ha sido impulsado por la influencia de personajes famosos con este nombre.

Variantes y diminutivos: Algunas variantes del nombre Diana incluyen Diane, Dianne y Dianna. Los diminutivos comunes son Dianita y Dianita.

Personajes famosos: Entre las personalidades famosas con el nombre Diana se encuentra la princesa Diana de Gales, quien fue reconocida por su labor humanitaria y su impacto global. También se encuentra la cantante estadounidense Diana Ross, reconocida por su talento y su contribución a la música.

El nombre Diana transmite la idea de alguien divino, celestial y conectado con la naturaleza. Las personas con este nombre suelen ser percibidas como inteligentes, intuitivas y empáticas. Su popularidad se debe a su sonoridad y su conexión con la figura mítica de la diosa Diana.

Sergio: Guardián.

El nombre "Sergio" es un nombre masculino con un origen y significado interesantes. A continuación, te proporcionaré una descripción detallada del nombre "Sergio":

Origen: El nombre "Sergio" tiene un origen latino y deriva del término "Sergius", que era un nombre de familia romano. Su origen se relaciona con la antigua gens Sergia, una importante familia de la antigua Roma.

Significado: El nombre "Sergio" se interpreta como "guardián" o "protector". Refleja la idea de una persona fuerte, valiente y confiable, que tiene la capacidad de cuidar y proteger a los demás. También puede transmitir la idea de alguien que es disciplinado y dedicado.

Personalidad: Las personas llamadas Sergio suelen ser percibidas como individuos inteligentes, determinados y responsables. Son personas con una gran capacidad de liderazgo y una naturaleza protectora. Además, suelen ser trabajadores incansables, orientados a los detalles y tienen una gran ética laboral.

Popularidad: El nombre Sergio ha sido bastante popular en varios países y culturas, especialmente en países de habla hispana y de origen latino. Su popularidad se debe a su sonoridad y a la imagen positiva que transmite de fortaleza y confianza.

Variantes y diminutivos: Algunas variantes del nombre Sergio incluyen Sergius, Serge y Sergi. No es común encontrar diminutivos para este nombre en particular.

Personajes famosos: Entre las personalidades famosas con el nombre Sergio se encuentra el futbolista español Sergio Ramos, reconocido por su habilidad y liderazgo en el campo de juego. También se encuentra el tenor italiano Sergio Franchi, reconocido por su talento vocal.

El nombre Sergio transmite la idea de alguien que es un guardián, protector y líder. Las personas con este nombre suelen ser percibidas como inteligentes, determinadas y responsables. Su popularidad se debe a su sonoridad y su connotación positiva de fortaleza y confianza.

Raquel: La oveja.

El nombre "Raquel" es un nombre femenino con un origen y significado interesantes. A continuación, te proporcionaré una descripción detallada del nombre "Raquel":

Origen: El nombre "Raquel" tiene un origen hebreo y deriva del término "Rāḥēl", que significa "oveja" o "cordera". En la Biblia, Raquel es un personaje bíblico del Antiguo Testamento, siendo una de las esposas de Jacob.

Significado: El nombre "Raquel" se interpreta como "la oveja" o "aquella que tiene belleza de cordero". Refleja la idea de alguien tierno, delicado y con una belleza especial. También puede transmitir la idea de una persona amorosa y compasiva.

Personalidad: Las personas llamadas Raquel suelen ser percibidas como individuos amables, cariñosos y empáticos. Son personas que se preocupan por los demás y tienen una naturaleza compasiva. Además, suelen ser creativas, sensibles y poseen una gran intuición.

Popularidad: El nombre Raquel ha sido popular en varios países y culturas, especialmente en la comunidad hispana y de habla hispana. Su popularidad se debe a su sonoridad y a su imagen positiva de belleza y ternura.

Variantes y diminutivos: Algunas variantes del nombre Raquel incluyen Rachel, Rachelle y Raquela. No es común encontrar diminutivos para este nombre en particular.

Personajes famosos: Entre las personalidades famosas con el nombre Raquel se encuentra la actriz estadounidense Raquel Welch, reconocida por su talento y belleza. También se encuentra la poeta española Raquel Lanseros, reconocida por su poesía.

El nombre Raquel transmite la idea de alguien tierno, delicado y con una belleza especial. Las personas con este nombre suelen ser percibidas como amables, cariñosas y empáticas. Su popularidad se debe a su sonoridad y su connotación positiva de belleza y ternura.

Samuel: Dios ha escuchado

El nombre "Samuel" es un nombre masculino con un origen y significado interesantes. A continuación, te proporcionaré una descripción detallada del nombre "Samuel":

Origen: El nombre "Samuel" tiene un origen hebreo y deriva del término "Shemu'el", que significa "nombre de Dios" o "Dios ha escuchado". En la Biblia, Samuel es un personaje importante del Antiguo Testamento, siendo un profeta y juez de Israel.

Significado: El nombre "Samuel" se interpreta como "Dios ha escuchado" o "aquel a quien Dios ha escuchado". Refleja la idea de una persona que ha sido escuchada y bendecida por Dios, así como la conexión espiritual y la fe en lo divino.

Personalidad: Las personas llamadas Samuel suelen ser percibidas como individuos inteligentes, sabios y espirituales. Son personas que poseen una fuerte conexión con lo divino y una profunda fe. Además, suelen ser carismáticas, responsables y con una gran capacidad de liderazgo.

Popularidad: El nombre Samuel ha sido popular en varios países y culturas, especialmente en la tradición judía y cristiana. Su popularidad se debe a su relevancia bíblica y a su sonoridad agradable. Es un nombre clásico y atemporal que ha perdurado a lo largo de los años.

Variantes y diminutivos: Algunas variantes del nombre Samuel incluyen Sam, Sammy y Sammie. También se puede encontrar en otros idiomas como Samuele (italiano), Samuil (ruso) y Samwell (inglés antiguo).

Personajes famosos: Entre las personalidades famosas con el nombre Samuel se encuentra el poeta y escritor inglés Samuel Taylor Coleridge, reconocido por sus obras literarias. También se encuentra el actor estadounidense Samuel L. Jackson, conocido por su versatilidad y talento en la actuación.

El nombre Samuel transmite la idea de alguien que ha sido escuchado y bendecido por Dios. Las personas con este nombre suelen ser percibidas como inteligentes, sabias y espirituales. Su popularidad se debe a su relevancia bíblica y a su sonoridad agradable.

Silvia: Silvestre.

El nombre "Silvia" es un nombre femenino con un origen y significado interesantes. A continuación, te proporcionaré una descripción detallada del nombre "Silvia":

Origen: El nombre "Silvia" tiene un origen latino y deriva del término "silva", que significa "bosque" o "selva". Representa la conexión con la naturaleza y la vida en armonía con el entorno natural.

Significado: El nombre "Silvia" se interpreta como "mujer del bosque" o "mujer de la selva". Evoca la imagen de una persona ligada a la naturaleza, con una esencia libre y salvaje. También puede simbolizar la belleza y la serenidad que se encuentran en la naturaleza.

Personalidad: Las personas llamadas Silvia suelen ser percibidas como individuos sensibles, intuitivos y creativos. Tienen una conexión especial con la naturaleza y valoran la tranquilidad y la paz. Además, suelen ser personas amables, cariñosas y con una gran empatía hacia los demás.

Popularidad: El nombre Silvia ha sido popular en varios países y culturas, especialmente en la tradición latina y europea. Su popularidad se debe a su elegancia y su conexión con la naturaleza. Es un nombre clásico y atemporal que ha perdurado a lo largo de los años.

Variantes y diminutivos: Algunas variantes del nombre Silvia incluyen Sylvia, Silvana y Silvina. Los diminutivos comunes son Silvi y Silvy.

Personajes famosos: Entre las personalidades famosas con el nombre Silvia se encuentra la actriz italiana Silvia Colloca, reconocida por su talento en el cine y la televisión. También se encuentra la escritora y poetisa argentina Silvina Ocampo, conocida por su contribución a la literatura.

El nombre Silvia transmite la idea de una mujer ligada a la naturaleza, con una esencia libre y salvaje. Las personas con este nombre suelen ser percibidas como sensibles, intuitivas y creativas. Su popularidad se debe a su elegancia y a su conexión con la naturaleza.

Marina: Del mar.

El nombre "Marina" es un nombre femenino con un origen y significado interesantes. A continuación, te proporcionaré una descripción detallada del nombre "Marina":

Origen: El nombre "Marina" tiene un origen latino y está relacionado con la palabra "marinus", que significa "del mar" o "perteneciente al mar". Este nombre evoca la belleza y la serenidad del mar.

Significado: El nombre "Marina" se interpreta como "aquella que proviene del mar" o "mujer relacionada con el mar". Este nombre refleja la conexión con el elemento acuático y puede simbolizar la calma, la profundidad y la vitalidad.

Personalidad: Las personas llamadas Marina suelen ser percibidas como individuos tranquilos, amigables y de espíritu libre. Son personas con una gran intuición y sensibilidad, que se sienten atraídas por la naturaleza y la espiritualidad. Son creativas, imaginativas y tienen una capacidad innata para inspirar a otros con su presencia serena.

Popularidad: El nombre Marina es bastante popular en varios países y culturas. Su popularidad se debe en parte a su conexión con el mar y su elegancia. Es un nombre que evoca imágenes de tranquilidad y belleza natural, lo cual lo hace atractivo para muchos padres.

Variantes y diminutivos: Algunas variantes del nombre Marina incluyen Marine, Mariana y Marianela. En cuanto a los diminutivos, se pueden utilizar Mina o Marinita como opciones cariñosas.

Personajes famosos: Entre las personalidades famosas con el nombre Marina se encuentran la actriz italiana Marina Malfatti, la cantante británica Marina Diamandis y la escritora española Marina Mayoral.

El nombre Marina transmite la idea de alguien que está conectado con el mar y posee una naturaleza tranquila y serena. Las personas con este nombre suelen ser percibidas como amigables, intuitivas y creativas. Su popularidad se debe a su evocadora conexión con la belleza del mar. Es una elección común para aquellos padres que buscan un nombre femenino con una fuerte conexión con la naturaleza y una sensación de calma.

Iván: Dios es misericordioso.

El nombre "Iván" es un nombre masculino con un origen y significado interesantes. A continuación, te proporcionaré una descripción detallada del nombre "Iván":

Origen: El nombre "Iván" tiene un origen eslavo y es una variante del nombre Juan. Proviene del nombre ruso "Iván" y del búlgaro "Ivan", que a su vez se deriva del griego "Ioannes" y del hebreo "Yochanan". Su origen está vinculado a la tradición cristiana.

Significado: El nombre "Iván" se interpreta como "Dios es misericordioso" o "Dios ha sido misericordioso". Es un nombre que refleja la devoción religiosa y la creencia en la gracia divina.

Personalidad: Las personas llamadas Iván suelen ser percibidas como individuos carismáticos, amigables y de mente abierta. Son personas con una gran capacidad de comunicación y expresión, lo que les permite conectar fácilmente con los demás. Son líderes naturales y tienen una fuerte determinación para alcanzar sus metas. Además, suelen ser personas generosas y compasivas, dispuestas a brindar ayuda y apoyo a quienes lo necesiten.

Popularidad: El nombre Iván es bastante popular en varios países de habla hispana y eslava. Su popularidad se debe a su sonoridad agradable y a su asociación con valores positivos como la fe y la misericordia.

Variantes y diminutivos: Algunas variantes del nombre Iván incluyen Juan, Giovanni, John y Jan. En cuanto a los diminutivos, se puede utilizar Ivancito o Ivánito como opciones cariñosas.

Personajes famosos: Entre las personalidades famosas con el nombre Iván se encuentran el tenista checo Iván Lendl, el escritor ruso Iván Turguénev y el futbolista croata Iván Rakitić.

El nombre Iván transmite la idea de alguien que es devoto y confía en la misericordia divina. Las personas con este nombre suelen ser percibidas como carismáticas, amigables y determinadas. Su popularidad se debe a su sonoridad agradable y a su conexión con valores positivos. Es una elección común para aquellos padres que buscan un nombre masculino con una fuerte connotación religiosa y un significado profundo.

Patricia: De la nobleza.

El nombre "Patricia" es un nombre femenino con un origen y significado interesantes. A continuación, te proporcionaré una descripción detallada del nombre "Patricia":

Origen: El nombre "Patricia" tiene un origen latino y se deriva del término "patricius", que significa "noble" o "de alta posición social". El nombre era comúnmente utilizado en la antigua Roma para referirse a las mujeres de familias nobles.

Significado: El nombre "Patricia" se interpreta como "noble", "de alta cuna" o "de linaje noble". Refleja la idea de una persona distinguida y con una posición destacada en la sociedad.

Personalidad: Las personas llamadas Patricia suelen ser percibidas como individuos elegantes, amables y con una gran capacidad de liderazgo. Son personas carismáticas y con una actitud positiva hacia la vida. Poseen un gran sentido de la responsabilidad y se esfuerzan por destacar en todo lo que hacen. Además, suelen ser personas compasivas y empáticas, dispuestas a ayudar a los demás.

Popularidad: El nombre Patricia ha sido popular en varios países y culturas a lo largo de los años. Su popularidad se debe a su sonoridad suave y a su asociación con la nobleza y la distinción. Es un nombre que ha perdurado en el tiempo y ha mantenido su atractivo.

Variantes y diminutivos: Algunas variantes del nombre Patricia incluyen Patrizia, Patrice y Patrícia. En cuanto a los diminutivos, se puede utilizar Pati o Patty como opciones cariñosas.

Personajes famosos: Entre las personalidades famosas con el nombre Patricia se encuentran la actriz estadounidense Patricia Arquette, la cantante italiana Patricia Kraus y la escritora estadounidense Patricia Highsmith.

El nombre Patricia transmite la idea de alguien noble y distinguido. Las personas con este nombre suelen ser percibidas como elegantes, amables y líderes naturales. Su popularidad se debe a su conexión con la nobleza y su atractivo atemporal. Es una elección común para aquellos padres que buscan un nombre femenino con una connotación de clase y refinamiento.

Nicolás: Victorioso.

El nombre "Nicolás" es un nombre masculino con un origen y significado interesantes. A continuación, te proporcionaré una descripción detallada del nombre "Nicolás":

Origen: El nombre "Nicolás" tiene un origen griego y proviene del nombre griego "Nikolaos", que se compone de las palabras "niké" que significa "victoria" y "laos" que significa "pueblo". Por lo tanto, el nombre se interpreta como "victoria del pueblo" o "vencedor del pueblo".

Significado: El nombre "Nicolás" se interpreta como "victorioso" o "triunfador". Refleja la idea de una persona exitosa y que tiene la capacidad de superar obstáculos y lograr metas. También implica el sentido de liderazgo y empoderamiento.

Personalidad: Las personas llamadas Nicolás suelen ser percibidas como individuos carismáticos, amigables y confiables. Son personas con una gran determinación y perseverancia para alcanzar sus objetivos. Además, suelen ser líderes naturales y tienen habilidades para motivar e inspirar a los demás. Son personas inteligentes, creativas y con una mentalidad abierta.

Popularidad: El nombre Nicolás ha sido popular en varios países y culturas a lo largo de los años. Su popularidad se debe a su sonoridad agradable y a su significado positivo y poderoso. Es un nombre que transmite fortaleza y determinación.

Variantes y diminutivos: Algunas variantes del nombre Nicolás incluyen Nikola, Nikolai y Nico. En cuanto a los diminutivos, se utiliza comúnmente Nico como una opción cariñosa y familiar.

Personajes famosos: Entre las personalidades famosas con el nombre Nicolás se encuentran el actor estadounidense Nicolás Cage, el futbolista argentino Nicolás Otamendi y el matemático y astrónomo polaco Nicolás Copérnico.

El nombre Nicolás transmite la idea de alguien victorioso y triunfador. Las personas con este nombre suelen ser percibidas como carismáticas, amigables y líderes naturales. Su popularidad se debe a su sonoridad agradable y su significado positivo. Es una elección común para aquellos padres que buscan un nombre masculino con una connotación de éxito y fortaleza.

Lorena: Corona de laureles.

El nombre "Lorena" es un nombre femenino con un origen y significado interesantes. A continuación, te proporcionaré una descripción detallada del nombre "Lorena":

Origen: El nombre "Lorena" tiene un origen incierto, pero se cree que puede derivar del nombre "Laureano", que a su vez proviene del latín "Laurentius". Este último significa "de Laurentum", que era una antigua ciudad de Italia. También se relaciona con el término latino "laurus", que significa "laurel" y simboliza la victoria y el honor.

Significado: El nombre "Lorena" se interpreta como "coronada de laureles" o "triunfadora". Refleja la idea de una persona exitosa, honrada y victoriosa en sus logros. También puede transmitir la idea de una persona elegante y distinguida.

Personalidad: Las personas llamadas Lorena suelen ser percibidas como individuos amables, creativos y llenos de energía. Son personas con una fuerte determinación y persistencia para lograr sus metas. Además, suelen ser elocuentes y expresivas, con habilidades para comunicarse de manera efectiva. Son personas sociables, empáticas y les gusta cuidar de los demás.

Popularidad: El nombre Lorena ha sido popular en varios países y culturas a lo largo del tiempo. Su popularidad se debe a su sonoridad suave y elegante, así como a su significado positivo y atractivo. Es un nombre que evoca una imagen romántica y femenina.

Variantes y diminutivos: Algunas variantes del nombre Lorena incluyen Lorraine, Lorene y Lorenza. En cuanto a los diminutivos, no hay uno específico, pero algunas personas utilizan "Lore" o "Lory" como opciones cariñosas.

Personajes famosos: Entre las personalidades famosas con el nombre Lorena se encuentran la actriz mexicana Lorena Rojas, la gimnasta española Lorena Guréndez y la periodista estadounidense Lorena Hickok.

El nombre Lorena transmite la idea de alguien coronado de laureles y triunfador. Las personas con este nombre suelen ser percibidas como amables, creativas y llenas de energía. Su popularidad se debe a su sonoridad elegante y su significado positivo. Es una elección común para aquellos padres que buscan un nombre femenino con una connotación de éxito y distinción.

Ernesto: Sincero y determinado.

El nombre "Ernesto" es un nombre masculino con un origen y significado interesantes. A continuación, te proporcionaré una descripción detallada del nombre "Ernesto":

Origen: El nombre "Ernesto" tiene un origen germánico y deriva de la palabra "ernst", que significa "serio", "resuelto" o "sincero". Este nombre era común entre los germanos y se popularizó en diferentes regiones de Europa.

Significado: El nombre "Ernesto" se interpreta como "serio", "honesto" o "sincero". Refleja la idea de una persona responsable, confiable y comprometida. También puede transmitir la idea de alguien con una personalidad fuerte y directa.

Personalidad: Las personas llamadas Ernesto suelen ser percibidas como individuos serios, honestos y trabajadores. Son personas con una ética laboral sólida y se esfuerzan por alcanzar sus metas. Son confiables, leales y valoran la sinceridad en sus relaciones personales. Además, suelen ser personas organizadas, disciplinadas y responsables.

Popularidad: El nombre Ernesto ha sido popular en varios países hispanohablantes y en otras partes del mundo. Su popularidad se debe a su sonoridad sólida y su asociación con características deseables como la honestidad y la seriedad. Es un nombre clásico y atemporal que ha perdurado a lo largo del tiempo.

Variantes y diminutivos: Algunas variantes del nombre Ernesto incluyen Ernest, Ernst y Ernie. En cuanto a los diminutivos, uno comúnmente utilizado es Neto.

Personajes famosos: Entre las personalidades famosas con el nombre Ernesto se encuentra el revolucionario argentino Ernesto "Che" Guevara, el escritor y premio Nobel de Literatura Ernest Hemingway y el escritor argentino Ernesto Sabato.

El nombre Ernesto transmite la idea de alguien serio, honesto y comprometido. Las personas con este nombre suelen ser percibidas como trabajadoras, confiables y responsables. Su popularidad se debe a su sonoridad sólida y su asociación con características deseables. Es una elección común para aquellos padres que buscan un nombre masculino con un trasfondo significativo y connotaciones positivas.

Ana: Gracia Divina

El nombre "Ana" es un nombre femenino con un origen y significado interesantes. A continuación, te proporcionaré una descripción detallada del nombre "Ana":

Origen: El nombre "Ana" tiene un origen hebreo y es de gran importancia histórica y religiosa. Es una forma variante del nombre "Hannah" o "Channah", que significa "gracia" o "compasión". Aparece en la Biblia y es reconocido en diferentes culturas y tradiciones.

Significado: El nombre "Ana" se interpreta como "llena de gracia" o "compasión". Refleja la idea de una persona amorosa, gentil y generosa. También puede transmitir la idea de alguien con una personalidad amable y comprensiva.

Personalidad: Las personas llamadas Ana suelen ser percibidas como individuos amables, cariñosos y compasivos. Son personas que muestran empatía y preocupación por los demás. Tienen una naturaleza bondadosa y están dispuestas a ayudar a quienes las rodean. Además, suelen ser personas equilibradas, intuitivas y pacientes.

Popularidad: El nombre Ana es muy popular en varios países y culturas. Su popularidad se debe a su simplicidad, belleza y connotaciones positivas. Es un nombre clásico y atemporal que ha perdurado a lo largo del tiempo.

Variantes y diminutivos: Algunas variantes del nombre Ana incluyen Anna, Ann, Anne y Anita. En cuanto a los diminutivos, uno comúnmente utilizado es Ani.

Personajes famosos: Entre las personalidades famosas con el nombre Ana se encuentran la princesa Ana de Inglaterra, la escritora británica Anna Sewell y la actriz mexicana Ana de la Reguera.

El nombre Ana transmite la idea de alguien lleno de gracia y compasión. Las personas con este nombre suelen ser percibidas como amables, cariñosas y compasivas. Su popularidad se debe a su simplicidad y su asociación con características deseables. Es una elección común para aquellos padres que buscan un nombre femenino con un trasfondo significativo y connotaciones positivas.

Olivia: Paz eterna.

El nombre "Olivia" es un nombre femenino con un origen y significado interesantes. A continuación, te proporcionaré una descripción detallada del nombre "Olivia":

Origen: El nombre "Olivia" tiene un origen latino y se deriva del término "oliva", que significa "oliva" en español. Representa el símbolo de paz y abundancia asociado con la rama de olivo.

Significado: El nombre "Olivia" se interpreta como "paz" o "la que trae paz". Transmite la idea de tranquilidad, armonía y serenidad. También puede asociarse con la idea de prosperidad y bienestar.

Personalidad: Las personas llamadas Olivia suelen ser percibidas como individuos amigables, tranquilos y equilibrados. Son personas que irradian calma y serenidad en su entorno. Tienen una naturaleza pacífica y buscan la armonía en sus relaciones. Además, suelen ser personas creativas, intuitivas y con una gran sensibilidad artística.

Popularidad: El nombre Olivia ha ganado mucha popularidad en los últimos años en varios países. Es considerado un nombre moderno y elegante que ha capturado la atención de los padres. Su sonoridad suave y su asociación con la paz lo hacen atractivo para muchas personas.

Variantes y diminutivos: No hay muchas variantes directas del nombre Olivia, pero algunos diminutivos comunes incluyen Liv, Livia y Oli.

Personajes famosos: Entre las personalidades famosas con el nombre Olivia se encuentran la actriz y cantante australiana Olivia Newton-John, la escritora estadounidense Olivia Goldsmith y la directora estadounidense Olvia Wilde.

El nombre Olivia transmite la idea de paz y tranquilidad. Las personas con este nombre suelen ser percibidas como amigables, equilibradas y creativas. Su popularidad se debe a su elegancia y su conexión con valores positivos. Es una elección popular para aquellos padres que buscan un nombre femenino con un significado profundo y una connotación serena.

Antonio: Valorado y respetado..

El nombre "Antonio" es un nombre masculino con un origen y significado interesantes. A continuación, te proporcionaré una descripción detallada del nombre "Antonio":

Origen: El nombre "Antonio" tiene un origen latino y se deriva del nombre familiar romano "Antonius". Este nombre probablemente deriva del término latino "ante", que significa "antes" o "delante", y está asociado con una connotación de fortaleza y liderazgo.

Significado: El nombre "Antonio" se interpreta como "valioso", "inestimable" o "digno de aprecio". Transmite la idea de alguien que es altamente valorado y respetado. También puede tener asociaciones con la idea de perseverancia, determinación y nobleza.

Personalidad: Las personas llamadas Antonio suelen ser percibidas como individuos carismáticos, seguros de sí mismos y con una gran fuerza interior. Son personas que poseen una fuerte determinación y una mentalidad resiliente. Además, suelen ser líderes naturales, capaces de inspirar y motivar a otros con su energía y carácter fuerte.

Popularidad: El nombre Antonio ha sido popular durante siglos en muchos países y culturas. Es un nombre clásico que ha perdurado a lo largo del tiempo. Su sonoridad fuerte y su asociación con cualidades positivas han contribuido a su continua popularidad.

Variantes y diminutivos: Algunas variantes del nombre Antonio incluyen Antoni, Antoine, Anton, Antony y Tony. Los diminutivos comunes son Toni y Toño.

Personajes famosos: Entre las personalidades famosas con el nombre Antonio se encuentran el pintor italiano Antonio Canova, el actor español Antonio Banderas y el neurólogo y filósofo portugués António Damásio.

El nombre Antonio transmite la idea de valor, liderazgo y determinación. Las personas con este nombre suelen ser percibidas como carismáticas, seguras de sí mismas y con una gran fuerza interior. Su popularidad se debe a su cualidad atemporal y su asociación con cualidades admirables. Es una elección común para aquellos padres que buscan un nombre masculino con un significado profundo y una connotación de fortaleza.

Epílogo

A medida que llegamos al final de este apasionante recorrido por los nombres con su significado, nos queda claro que cada nombre encierra una historia única y especial. Hemos explorado la diversidad de culturas, las raíces históricas y las connotaciones emocionales asociadas a cada nombre. Desde la fortaleza de Valentina hasta la gracia de María, desde la valentía de Sergio hasta la gracia de Ana, hemos descubierto el poder que reside en estas palabras.

Espero que este libro haya despertado tu curiosidad y te haya inspirado a reflexionar sobre la importancia de los nombres en nuestras vidas. Los nombres son más que simples etiquetas; son una parte integral de nuestra identidad y nos conectan con nuestras raíces y tradiciones. A través de ellos, transmitimos valores, honramos a nuestros antepasados y damos forma a nuestras aspiraciones para el futuro.

Al final del día, lo que importa no es solo el nombre en sí, sino cómo lo llevamos y qué significado le otorgamos. Cada uno de nosotros, independientemente de nuestro nombre, tiene el poder de escribir nuestra propia historia y dejar una huella única en el mundo. Que este libro haya sido un recordatorio de la importancia de abrazar nuestra identidad y valorar la diversidad de los nombres que nos rodean.

Gracias por embarcarte en este viaje de descubrimiento de los nombres con significado. Que este conocimiento te inspire a apreciar la belleza y la profundidad de cada nombre, y a celebrar la diversidad y la riqueza de nuestras identidades individuales y colectivas. Que los nombres sigan resonando con significado y trascendiendo a lo largo del tiempo.

¡Hasta la próxima!